한국 사찰의 주련
(韓國 寺刹의 柱聯)
(제3집)

권영한 편저

전원문화사

한국 사찰의 주련 III

발행일   2018년 4월 5일
지은이 : 권 영 한
펴낸이 : 남 병 덕
펴낸곳 : 전원문화사
07689 서울시 강서구 화곡로 43가길 30
    T.02)6735-2100 F.6735-2103
등 록 * 1999년 11월 16일 제1999-053호
Copyright ⓒ 1997, by Jeon-won Publishing Co
이 책의 내용은 저작권법에 따라 보호받고 있습니다
잘못 만들어진 책은 바꾸어 드립니다
*저자와의 협의하에 인지는 생략합니다
정가 15,000원

머리말

《한국 사찰의 주련》 제2집이 나온 지 약 1년 만에 다시 제3집을 발표하게 되어 감회가 깊다.
　제3집의 발간을 위해 많은 성원과 협조를 아끼지 않으신 여러 스님들과 불자들에게 오직 감사드릴 뿐이다.
　지면 관계로 제1집에 수록하지 못한 내용들을 정리하여 제2집을 책으로 묶고 보니, 제2집으로서도 역시 소개 못 하는 사찰과 그 사찰의 주옥같은 주련이 아직도 많이 남아 있다.

　조용한 고찰을 찾아가 기둥에 걸려 있는 글귀를 가만히 읽어 보면 한없이 큰 환희심이 마음속 깊은 곳에 생겨난다.
　그 글을 적은 분의 마음과 내 마음이 서로 교합(交合)하는 것만 같다.
　너무나 감동적이고 너무나 환희롭다.
　이 환희로운 마음 어떻게 표현하리!
　그래서 나는 약 20여 년 전부터 전통 사찰(寺刹)의 현판(懸板)과 주련(柱聯)들을 하나하나 본격적으로 조사하고 수집하기 시작하였다.
　처음에는 필사(筆寫)하였으나, 몇 해 전부터는 사진으로 찍어 왔다.
　그리하여 20여 년간 모은 주련이 약 300여 개 사찰의 것에 이르렀다.
　주련의 글귀는 해석하기에 어려움이 있는 것은 물론이거니와, 읽기조차 힘든 경우가 많다.
　지금은 잘 쓰지 않는 고자(古字)와 특별한 초서체(草書體) 등은 글자 자체가 어떤 글자인지 알기 힘들었다.
　내용도 경전(經典)이나 논장(論藏) 등에 있는 글은 원전을 찾아서 해석하였으나, 스님들의 오도송(悟道頌)이나 열반송(涅槃頌) 등은 그 글을 쓴

분의 오묘한 경지에 들어가지 않고는 도저히 이해 못 할 격외(格外)의 구절들이어서 쉽게 손을 댈 수 없었다.
  그러나 다행히 많은 큰스님들의 도움으로 이 작은 책자가 독자들 앞에 나오게 된 것을 무척 다행으로 생각한다.

  이 책을 편집하는 데는 제1집에서와 같이 다음 원칙을 지켰다.

1. 고찰(古刹)의 주련을 주로 수집하였다.
2. 각 사찰 전각에 실제 적혀 있는 상태를 그대로 조사하였으므로, 같은 주련이라도 사찰이 달라지면 몇 번이고 다시 소개하였다.
3. 고승들의 오도송이나 열반송들은 글자 해석에만 그쳤다.
4. 가급적 내용에 주석을 달지 않은 것은 독자들 스스로 생각할 공간을 넓히기 위해서였다.
5. 초심자와 한글 세대들을 위해서 어려운 낱말과 한자에는 해설을 붙였다.
6. 처음 조사하였을 때와 지금의 상태가 사찰의 증축과 보수로 조금 달라진 것이 있다면, 이는 추후 보완하기로 한다.

  이미 모아둔 자료와 새로 모을 자료를 정리해서 제3집을 발간해서, 많은 불자(佛者)들과 이 방면에 관심이 있는 분들의 참고가 되게 하고자 한다.

2000년 10월
大哉堂人 靑南 權寧漢

차 례

卍 오대산(五臺山) 월정사(月精寺) ·················· 7
卍 문수산(文殊山) 중대사(中臺寺) ·················· 16
卍 팔공산(八公山) 부귀사(浮龜寺) ·················· 20
卍 서진산(棲鎭山) 선석사(禪石寺) ·················· 24
卍 고령산(高靈山) 보광사(普光寺) ·················· 32
卍 가지산(迦智山) 석남사(石南寺) ·················· 44
卍 만수산(萬壽山) 무량사(無量寺) ·················· 59
卍 오봉산(五峰山) 낙산사(洛山寺) ·················· 74
卍 월출산(月出山) 도갑사(道岬寺) ·················· 80
卍 칠현산(七賢山) 칠장사(七長寺) ·················· 84
卍 태조산(太祖山) 성불사(成佛寺) ·················· 94
卍 화산(華山) 용주사(龍珠寺) ···················· 100
卍 무봉산(舞鳳山) 봉림사(鳳林寺) ················· 123
卍 수리산(修理山) 수리사(修理寺) ················· 127
卍 서운산(瑞雲山) 청룡사(靑龍寺) ················· 135
卍 구봉산(九峰山) 신흥사(新興寺) ················· 143
卍 함월산(含月山) 기림사(祇林寺) ················· 152
卍 미숭산(美崇山) 반룡사(盤龍寺) ················· 165
卍 마골산(摩骨山) 동축사(東竺寺) ················· 171

卍 비봉산(飛鳳山) 수정사(水淨寺)……………185
卍 신어산(神魚山) 동림사(東林寺)……………189
卍 주산(主山) 관음사(觀音寺)……………200
卍 만어산(萬魚山) 만어사(萬魚寺)……………205
卍 신어산(神魚山) 은하사(銀河寺)……………212
卍 선방산(禪房山) 지보사(持寶寺)……………218
卍 비슬산(琵瑟山) 유가사(瑜伽寺)……………222
卍 팔공산(八公山) 송림사(松林寺)……………230
卍 용두산(龍頭山) 용수사(龍壽寺)……………243
卍 재약산(載藥山) 표충사(表忠寺)……………246
卍 천태종(天台宗) 구인사(救仁寺)……………256
卍 청량산(淸凉山) 청량사(淸凉寺)……………292
卍 설악산(雪嶽山) 신흥사(新興寺)……………297

오 대 산 월 정 사
五台山 月精寺

월정사(月精寺)의 적광전(寂光殿)과 팔각 9층석탑(국보 제48호)

오대산(五台山) 월정사(月精寺)

강원도 평창군 진부면 동산리
대한불교 조계종 제4교구 본사

선덕여왕 12년(643년)에 자장율사(慈藏律師)가 창건하였다고 하는 약 1400년의 유서 깊은 고찰이다.

창건 당시는 지금과 같은 큰 사찰이 아니었으며, 자장율사는 임시로 초암(草庵)을 얽어 머무르면서 문수보살의 진신(眞身)을 친견하고자 하였다고 하는데, 그가 머무르던 3일 동안 음산한 날씨가 계속되어 뜻을 이루지 못하였다고 한다.

그 뒤 유동보살(幼童善薩)의 화신이라고 전해지는 신효거사(信孝居士)가 이곳에 머물렀고, 범일(梵日)의 제자였던 두타승(頭陀僧) 신의(信義)가 자장율사(慈藏律師)가 휴식하던 곳을 찾아가서 암자를

▲ 월정사 입구에 있는 울창한 숲

▲ 월정사에 빛을 남긴 수많은 고승들의 부도

짓고 살았다고 하는데, 신의(信義)가 죽은 뒤 이 암자는 오랫동안 황폐하여 버려진 채 있다가, 수다사(水多寺)의 장로 유연(有緣)이 암자를 다시 짓고 살면서 월정사(月精寺)의 면모를 갖추게 되었다고 한다.

현재의 건물은 한국전쟁 당시 1·4 후퇴 때 전소된 것을 964년 탄허(呑虛)가 적광전(寂光殿)을 중건한 이래, 만화(萬和)가 중건을 계속하여 오늘과 같은 장엄한 가람의 기초를 만들었다.

▲ 눈 속의 말없는 석조보살좌상(보물 제139호)

寂光殿 적광전

南無大方廣佛華嚴經　나무대방광불화엄경
萬代輪王三界主　　　만대윤왕삼계주
雙林示滅幾千秋　　　쌍림시멸기천추
眞身舍利今猶在　　　진신사리금유재
普化群生禮不休　　　보화군생예불휴
南無實相妙法蓮花經　나무실상묘법연화경

자장율사 불탑게(佛塔偈)

대방광불화엄경

만대의 윤왕(輪王)이요, 삼계의 주인이신 석가모니 부처님
쌍림에서 열반에 드시고 세월 얼마나 흘렀던가?
부처님의 진신사리(眞身舍利) 아직도 계시니
교화 받은 많은 중생 끊임없이 예배드리네.

나무실상묘법연화경

卍 윤왕(輪王) … 윤보(輪寶)를 굴리면서 세계를 통치하는 전륜성왕(轉輪聖王)의 약칭. 전륜성왕(轉輪聖王)이란 칠보(七寶)를 가지고 사덕(四德), 즉 장수, 무번민, 미모, 부귀를 갖추었으며, 정법(正法)으로 수미사주의 전세계를 통솔한다고 생각되는 신화적 이상적인 왕.

卍 쌍림시멸(雙林示滅) … 부처님이 사라쌍수 밑에서 몸소 열반에 드시는 것을 보여 준 것.

卍 천추(千秋) … 한량없이 긴 세월.

無量壽殿 무량수전

阿彌陀佛在何方　　아미타불재하방
着得心頭切莫忘　　착득심두절막망
念到念窮無念處　　염도염궁무념처
六門常放紫金光　　육문상방자금광

나옹(懶翁) 스님 자매

오대산 월정사 13

아미타불 어느 곳에 계실까?
마음에 간직하여 잊지 말 것이니
생각 생각 이어 가다 생각조차 끊긴 곳에 이르면
육근(六根)의 문에서 성스러운 금빛 광명 찬란하게 나오네.

卍 무념(無念) … 생각하는 대상의 상(相)을 초월한 진여의 본성을 관하여 마음까지도 여의는 것.
卍 육문(六門) … 육근(六根)의 문. 육식(六識)이 육경(六境) '안경(眼境), 이경(耳境), 비경(鼻境), 설경(舌境), 신경(身境), 의경(意境)'을 인식하는 경우 그 근원이 되는 여섯 가지 뿌리. 즉, 안근(眼根), 이근(耳根), 비근(鼻根), 설근(舌根), 신근(身根), 의근(意根)을 말한다.

아미타불을 항상 마음속에 간직하여 잠시도 잊지 말고 생각하며, 그의 감화와 원을 나의 수행의 지표로 삼고 귀의하면 결국 성불의 경지에 이르게 되리라는 교훈이 담긴 나옹 스님과 그 여동생의 문답 글이다.

14 韓國 寺刹의 柱聯

 ## 祖師堂 조사당

靈通廣大慧鑑明　　영통광대혜감명
住在空中映無方　　주재공중영무방
羅列碧天臨刹土　　나열벽천임찰토
周天人世壽算長　　주천인세수산장

석문의범, 칠성청

신령하고 능통한 지혜 거울같이 밝아서
허공에 계시며 모든 곳 다 밝히시고
푸른 하늘에 늘어서서 이 세상 다 비추시며
인간 세상 다 살피시며 수명 늘려 주시네.

卍 영통(靈通) … 신령스럽고 능통함.
卍 혜감명(慧鑑明) … 거울과 같이 밝은 지혜.
卍 감(鑑) … 거울 감.
卍 찰토(剎土) … 국토를 일컬음.
卍 산장(算長) … 길게 늘인다.
卍 천인(天人) … 하늘과 사람.

문 수 산 중 대 사
文殊山 中臺寺

문수산(文殊山) 중대사(中臺寺)

문수산(文殊山) 중대사(中臺寺)

> 경북 봉화군 삼계리
> 대한불교 조계종 제16교구 고운사의 말사

신라 신문왕 5년(685년) 의상대사가 창건한 이 절은 당시에는 사세(寺勢)가 매우 번창하였다 하며, 대웅전을 비롯하여 많은 당우(堂宇)들이 웅장하였다고 한다.

그러나 임진왜란 때 그때의 건물이 모두 불타 버리고 1851년에 이르러 승화 스님이 중창하게 되었다. 그러나 그 당우도 6·25 사변으로 소실되자 1947년 영호 스님이 지금의 자리로 옮겨 지었다.

사찰을 지을 당시, 인근에 집들이 없었는데 지금은 마을 속에 묻혀 버려서 산사다운 그윽함은 없으나, 도량을 알뜰히 가꾸는 스님의 정성으로 언제나 깨끗하고 조용하며, 시민선방으로 아주 좋은 여건을 구비하고 있다.

특히 봉화 시내와 가까워서 장차 어린이 포교당으로 발전할 여건이 매우 좋다.

 大雄殿 대웅전

一法元無萬纏空 일법원무만전공
箇中耶許悟圓通 개중야허오원통
桃花依蕉笑春風 도화의초소춘풍
大聖由來無執着 대성유래무집착

한 법은 원래 만 가지 경계에 얽매이지 않나니
그 가운데 원만한 깨달음 이루어지리.
파초 곁에서 복사꽃 봄바람에 웃고 있네.
큰 성인은 집착함이 없는 데서 비롯되느니라.

卍 일법(一法) … 한 가지 법, 여기서는 불법을 말함.
卍 전공(纏空) … 얽매이지 아니하다.
卍 원통(圓通) … 이르지 아니한 데 없이 널리 두루 통달함. 또는 진여의 이치를 널리 깨닫는 수행.
卍 도화(桃花) … 복숭아꽃. 깨달은 후의 아름다운 세상.
卍 대성(大聖) … 정각을 얻은 지극히 거룩한 분.

팔공산 부귀사
八公山 浮龜寺

팔공산(八公山) 부귀사(浮龜寺) 극락전

팔공산(八公山) 부귀사(浮龜寺)

> 경북 영천시 신령면 왕산리 1050번지
> 대한불교 조계종 제10교구 본산인 은해사의 말사

　험준한 팔공산 중턱에 있는 이 고찰은 지금도 전기가 들어가지 않는 심심 산골에 자리잡고 있으며(1996년), 태고 그대로의 자연 속에 고색을 잘 간직하고 있다.
　확실한 창건 연대는 잘 알 수 없으나 전하는 말에 의하면 신라 진평왕 13년 혜림법사께서 창건하였다고 한다. 그리고 고려 때 보조국사께서 한때 이곳에 오셔서 수도하였다는 말이 있다.
　1170년에 이르러 삼산화상이 퇴락된 당우를 다시 중창하고, 그 뒤 1882년에 순정화상께서 현 위치에 절을 이전하면서 현재 위치에 개축하였다고 한다.
　절 이름은 원래 부귀암(富貴庵)이라고 하였는데, 이는 '산은 풍요롭고 물은 귀하다.'라는 말에서 비롯되었다고 한다. 과연 이 절에 오면 사면에 첩첩한 팔공산(八公山)의 봉우리들이 높이 솟아 있으나, 표고가 높아서 개울물이 모여서 흐르지 않아 물이 귀하다.
　그런데 그 뒤에 절 이름을 부귀사(浮龜寺)로 고쳐 부르게 된 것은 부귀(富貴)라는 말이 불교적인 말이 아니라서, 한자음만 따서 글자를 고쳐 부귀(浮龜)라 하였는데, 그 이유는 이 절에 오면 눈먼 거북이 큰 바다에서 판자 구멍을 만난 듯, 얻기 어려운 부처님 법을 얻기 쉽고 공부가 잘 되어 깨달음을 얻을 수 있기 때문이라고 한다.

極樂殿 극락전

天上天下無如佛　천상천하무여불
十方世界亦無比　시방세계역무비
世間所有我盡見　세간소유아진견
一切無有如佛者　일체무유여불자

지도론(智度論)

解

천상천하 어느 곳에도 부처님 같으신 분 없나니
시방 세계에도 비교할 이 없네.
세상에 있는 것 내가 다 보아도
부처님같이 귀하신 분 없네.

註

卍 시방세계(十方世界) … 사방 사우 상하를 통틀어서 말함.
卍 세간소유(世間所有) … 이 세상에 있는 모든 것들.
卍 불자(佛者) … 부처님.

解說

대웅전에 흔히 있는 이 주련 글은 평범한 내용이면서도 그 속에 한량없이 귀중한 큰 법문이 들어 있는 귀한 글이다.
도통 경지에 들어간 어떤 스님이 세상의 모든 이치를 다 통달하고 난 다음 결론 지은 이 말씀은 길이 불자의 가슴에 커다란 감명을 안겨 줄 것이다.

서 진 산 선 석 사
捿鎭山 禪石寺

◆
◆
◆

서진산(捿鎭山) 선석사(禪石寺) 전경

서진산(棲鎭山) 선석사(禪石寺)

경북 성주군 월항면 인촌리
대한불교 조계종 제8교구 직지사의 말사

이 절은 692년(효소왕 1년)에 의상대사께서 화엄십찰(華嚴十刹)의 하나로 지은 절인데, 창건 당시에는 신광사(神光寺)라고 했다.

1361년(공민왕 10년)에 나옹화상이 이 절에 주지로 부임하여, 현 위치보다 서쪽에 있었던 신광사를 현재의 위치로 이전하였다.

절을 이전할 당시 절 터를 새로 닦을 때, 큰 바위가 나왔다고 '돌 석자(石)'와 선을 공부하는 곳이라고 선(禪)자를 넣어 절 이름을 선석사(禪石寺)라고 고쳐 부르게 되었다고 한다. 지금도 그 바위는 대웅전 앞에 묻힌 채 머리 부분만 땅 위로 조금 내밀고 있다.

임진왜란 때 전소된 것을 1684년(숙종 10년)에 혜묵(惠默), 나헌(懶軒) 두 스님이 중창하였으며, 1725년 다시 서쪽 옛 터로 이전하였다가 1804년 서윤(瑞允) 스님이 신도들의 도움을 받아 현 위치로 다시 옮겼다.

세종의 왕자 태실(胎室)이 있는 태봉(胎峰)에서 불과 200m 거리에 위치하고 있었던 이 절은 왕자의 태실을 수호하는 사찰로 지정되었으므로 영조로부터 어필을 하사받기도 하였다.

이 어필을 보관하였던 곳이 어필각인데, 그 뒤 화재로 소실되어 버렸고 현재는 영조 어필의 병풍이 정법료에 보관되어 있다고 한다.

이 절의 어필각 주위에 바람이 불면 소리를 내는 쌍곡죽(雙谷竹)이라는 이상한 대나무 숲이 있었다고 한다. 그 대나무를 잘라서 만든 피리는 그 소리가 맑고 깨끗하기가 다른 대나무로 만든 피리와 비교할 바가 아니었다고 한다.

그러나 지금은 쌍곡죽이 남아 있지 않다고 한다.

大雄殿 대웅전

空靈大智如來光　　공령대지여래광
普佑眾生壽算長　　보우중생수산장
碧天羅列臨塵刹　　벽천나열임진찰
瑞彩祥芒北極宿　　서채상망북극숙

텅 빈 신령한 큰 지혜는 여래의 빛이니
널리 중생을 도와 수명을 늘여 주네.
푸른 하늘에 계시다가 어디라도 오시니
상서로운 빛을 내시는 북극성에 머무시네.

卍 공령대지(空靈大智) … 공의 이치를 깨달은 큰 지혜.
卍 보우(普佑) … 넓게 돕다.
卍 수산장(壽算長) … 수명을 계산해서 늘여 줌.
卍 진찰(塵刹) … 모든 국도. 국토(國土)의 수가 많음을 티끌에 비유해서
   한 말.
卍 서채상망(瑞彩祥芒) … 아름답고 상서로운 빛을 내다.

山神閣 산신각

萬里白雲靑嶂裡 만리백운청장리
雲車鶴駕任閒情 운거학가임한정

석문의범, 산인청

만리 뻗어 있는 흰 구름과 푸른 산봉우리 뒤에서
구름수레 타고 한가로이 지내시네.

卍 청장(靑嶂)… 길게 늘어 있는 푸른 산봉우리들.
卍 학가(鶴駕)… 귀한 분이 행차하는 일. 원래는 왕세자가 대궐 밖에 나
　　　　　　　가는 일을 뜻함.

冥府殿 명부전

地藏大聖威神力　　지장대성위신력
恒河沙劫說難盡　　항하사겁설난진
見聞瞻禮一念間　　견문첨례일념간
利益人天無量事　　이익인천무량사

지장경

지장보살님의 크나큰 위신력이여!
억 겁을 두고 설명해도 다 말하기 어렵도다.
잠깐만 보고 듣고 예배만 하여도
인천(人天)에 이익된 일 무한히 많아라.

卍 지장대성(地藏大聖) … 지장보살을 높이는 말.
卍 항하사(恒河沙) … 한량없이 많은 수.
卍 겁(劫) … 무한히 긴 시간의 단위.
卍 일념(一念) … 아주 짧은 시간.

고 령 산　보 광 사
高靈山 普光寺

고령산(高靈山) 보광사(普光寺)

경기도 파주군 관탄면 영장리
대한불교 조계종 제25교구 본산인 도선사의 말사

이 절은 894년(진성여왕 8년)에 어명을 받은 도선(道詵)선사가 창건한 유서 깊은 고찰이다.

그 뒤 1215년에 이르러 원진(元眞)대사가 중창하고, 그때 법민(法敏)이 불보살 5위를 조성하여 법당에 봉안하였다.

그러나 임진왜란으로 전소된 것을 1622년(광해군 4년)에 설미(雪眉) 스님과 덕인(德仁) 스님이 법당과 승당(僧堂)을 복원하였다.

지금 이 절에 있는 300근이나 되는 큰 범종은 처음 도원(道元)이 발원하여 불사를 시작하였으나, 3년 동안 청동 80근을 모은 뒤 죽게 되자 뒤를 이어 신관(信寬)이 마무리하여 만들었다.

6·25 사변 때 법당과 일부 당우가 소실되자, 1957년에 수각(水閣)을 건립하고 1973년에는 주지스님 와운(臥雲)이 종각을 건립하여 오늘에 이르고 있다.

현존하는 당우로는 대웅전을 중심으로 관음전, 나한전, 쌍계전, 산신각, 만세루, 승당, 범종각, 별당, 수구암 등이 있다.

대웅전 안에는 1215년에 조성된 목조비로자나삼존불(木造毘盧遮那三尊佛)과 문수(文殊) 보현보살(普賢菩薩)이 안치되어 있고, 나한전에는 1863년에 조성한 나반존자, 16나한상이 봉안되어 있다.

그리고 쌍계전에는 1863년에 조성한 지장보살과 시왕상 등이 봉안되어 있다. 이밖에도 영조의 친필 편액과 김정희(金正喜)의 친필 편액이 있다.

大雄殿 대웅전(좌측벽)

久遠劫前有佛出世　　구원겁전유불출세
厥號應知錠光如來　　궐호응지정광여래
五十三傳世自在時　　오십삼전세자재시
繫念衆生雖無彼此　　계념중생수무피차

한없이 긴 옛날에 세간에 나오신 부처님 계셨으니
그 분이 바로 정광여래 부처님이로다.
53부처님이 세상 구제하러 오셨을 때
모든 중생 차별하여 마음에 두지 않으셨다네.

卍 오십삼(五十三) … 과거 53부처님. 무량수경에서 설하고 있음.
卍 계념(繫念) … 마음에 두지 않음.

大雄殿 대웅전(정면)

阿彌陀佛在何方　　아미타불재하방
着得心頭切莫忘　　착득심두절막망
念到念窮無念處　　염도염궁무념처
六門常放紫金光　　육문상방자금광

나옹(懶翁) 스님 자매

아미타불 어느 곳에 계실까
마음에 간직하여 잊지 말 것이니
생각 생각 이어 가다 생각조차 끊긴 곳에 이르면
육근(六根)의 문에서 성스러운 금빛 광명 찬란하게 나오네.

卍 무념(無念) … 생각하는 대상의 상(相)을 초월한 진여의 본성을 관하여 마음까지도 여의는 것.

卍 육문(六門) … 육근(六根)의 문. 육식(六識)이 육경(六境) '안경(眼境), 이경(耳境), 비경(鼻境), 설경(舌境), 신경(身境), 의경(意境)'을 인식하는 경우 그 근원이 되는 여섯 가지 뿌리. 즉, 안근(眼根), 이근(耳根), 비근(鼻根), 설근(舌根), 신근(身根), 의근(意根)을 말한다.

大雄殿 대웅전(우측벽)

曲照堪忍偏有因緣　　곡조감인편유인연
遂成彌陀極樂化主　　수성미타극락화주
慇勤發起四十八願　　은근발기사십팔원
有玉出家比丘法藏　　유옥출가비구법장

바르지 못함도 인연이 있어서 참고 비추어
드디어 아미타불께서 극락화주 이루었네.
은근히 48가지 월을 일으켜
귀하게 출가한 비구들 자비롭게 감싸주네.

卍 감인(堪忍) … 참고 견딤.
卍 화주(化主) … 중생 제도를 하는 높은 성인. 즉, 아미타불이나 석가여
　　　　　　　　래 같은 높은 분을 지칭.
卍 사십팔원(四十八願) … 아미타불의 48원.
卍 유옥(有玉) … 옥과 같이 귀하게.

 三聖閣 삼성각

閣聖三

周天人世壽算長

盡列諸天臨刹土

佳住法界誓無窮

神通廣大誓鑑明

靈通廣大慧鑑明　　영통광대혜감명
住在空中映無方　　주재공중영무방
羅列碧天臨刹土　　나열벽천임찰토
周天人世壽算長　　주천인세수산장

칠성청

신령하고 신통한 큰 지혜 거울같이 밝아서
허공에 계시며 온 세상 다 비추시네.
푸른 하늘에 늘어서서 이 세상 다 비추시며
인간 세상 다 살피시며 수명 늘여 주시네.

卍 영통(靈通) … 신령스럽고 능통함.
卍 혜감명(慧鑑明) … 거울과 같이 밝은 지혜.
卍 찰토(刹土) … 국토를 일컬음.
卍 천인(天人) … 하늘과 사람.
卍 산장(算長) … 길게 늘인다.

藥師殿 약사전

약사전

약사여래못만나면죄에서못벗어나

범부들듣바꾸어병의뿌리깊으니

한가닥지비하심운다함이없으시건만

옐두가지서원으로중생을건지시는

> 열두가지서원으로중생을건지시는
> 한가닥자비하심은다함이없으시건만
> 범부들뒤바뀌어병의뿌리깊으니
> 약사여래못만나면죄에서못벗어나

열두 가지 서원(誓願)으로 중생(衆生)을 건지시는
한 가닥 자비하심은 다함이 없으시건만
범부(凡夫)들 뒤바뀌어 병의 뿌리 깊으니
약사여래 못 만나면 죄에서 못 벗어나리.

가 지 산   석 남 사
迦智山 石南寺

가지산(迦智山) 석남사(石南寺) 일주문

가지산(迦智山) 석남사(石南寺)

> 경상남도 울주군 상복면 덕현리
> 대한불교 조계종 제15교구 본산 통도사의 말사

 이 절은 태백산맥의 긴 꼬리가 영남에서 융기하는 가지산(1239m) 기슭에 있으며, 정상의 암봉(岩峰)과 산록의 송림, 그리고 계곡의 맑을 물이 자랑인 가지산 동쪽에 자리잡은 이 절은 우리 나라에 최초로 선(禪)을 도입한 도의국사(道義國締)가 헌안왕(憲安王) 16년(824년)에 창건하였다고 전해진다.
 사적기에 의하면 화관보탑(華觀寶塔)과 각로자탑(覺路慈塔)의 아름다움이 영남에서 제일 간다고 석남사(碩南寺)라고 하였다는 데서 석남사(石南寺)라는 이름이 생겼다고 한다.
 그러나 일설에는 가지산의 별명이 석면산(石眠山)인데, 석면산 남쪽에 있다고 석남사(石南寺)라고 하였다는 말도 있다.
 애석하게도 유서 깊은 창건 당시의 건물들은 모두 임진왜란 때 전소되었고, 현종 15년(1674년)에 이르러 언양 현감 강옹(姜雍)의 시주로 중창하여 사찰의 면모를 갖추었으나, 6·25 사변이 일어나자 절은 다시 폐허가 되어 버렸다.
 그러나 1957년 비구니 인홍(仁弘) 스님이 주지로 부임하면서 스님의 원력으로 크게 중창을 하게 되었다. 그리하여 그때부터 비구니 스님들의 수도 도량으로 발전시킨 이 절은 항상 100여 명이 넘는 많은 비구니들이 엄격한 계율을 지키면서 수도에 전념하는 국내 굴지의 비구니 선도량(禪道場)이 되었다.

一柱門 일주문

迦智山石南寺

南方幸有選佛場
好向其中窮妙音

南方幸有選佛場　　남방행유선불장
好向其中窮妙旨　　호향기중궁묘지

영남에 다행히도 빼어난 부처님 도량이 있어
그 가운데서 오묘한 종지(宗旨) 다 이루고 있네.

卍 남방(南方) … 남쪽, 즉 영남지방을 말한다.
卍 호향(好向) … 잘 이루고 있다.
卍 묘지(妙旨) … 오묘한 종지(宗旨).

祖師殿 조사전

祖師殿

一住寒山萬事休

更無雜念掛心頭

閑於石壁題詩句

任運還同不繫舟

一住寒山萬事休　　일주한산만사휴
更無雜念掛心頭　　갱무잡념괘심두
閑於石壁題詩句　　한어석벽제시구
任運還同不繫舟　　임운환동불계주

한산(寒山) 스님

한번 한산에 들어오니 만사가 한가롭구나
마음에 거리낄 잡념 전혀 없네.
석벽에 시구나 끄적이며 한가로울 뿐
되는 대로 맡겨 마음대로 가게 한 뜻 때로다.

卍 한산(寒山) … 외로운 산 속. 고요한 산 속.
卍 휴(休) … 그치다. 그만두다. 쉬다.
卍 심두(心頭) … 생각하고 있는 마음.

沈溪樓 침계루

枕溪樓

萬古光明長不滅

誰知王舍一輪月

象王去處絕狐種

獅子窟中無異獸

가지산 석남사

獅子窟中無異獸　사자굴중무이수
象王去處絕狐種　상왕거처절호종
誰知王舍一輪月　수지왕사일륜월
萬古光明長不滅　만고광명장불멸

사자가 사는 굴에 다른 짐승 없고
코끼리 가는 곳에 여우 자취 사라짐이며,
누가 알리 왕사성에 뜬 한 둥근 달
만고에 그 빛 밝아 길이 멸하지 않으리.

卍 사자굴(獅子窟) … 도인이 사는 곳.
卍 호종(狐種) … 여우와 같이 간사한 무리. 삿된 생각.
卍 왕사(王舍) … 왕사성(王舍城)을 말한다. 중인도 마갈다국의 서울. 지금은 퍼트나시 남방 비하르 지방의 라지기르가 그 옛 터라고 하는데, 불교 교화의 중심지로, 석존 일대의 설법은 여기서 했으며, 불교에 관한 유적이 많다.

講禪堂 강선당

雲山疊疊連天碧
少室閑居任白頭

幽僻林深無客遊
可歎往年興今日

遠望孤蟾明皎皎
無心還似水東流

千間群鳥語啾啾
丈夫志氣直如鐵

老夫獨坐樓靑峰
無曲心中道自眞

글씨 / 무불(無佛) 스님

가지산 석남사

雲山疊疊連天碧	운산첩첩연천벽
路僻林深無客遊	노벽림심무객유
遠望孤蟾明皎皎	원망고섬명교교
近聞羣鳥語啾啾	근문군조어추추
老夫獨坐樓靑嶂	노부독좌루청장
少室閑居任白頭	소실한거임백두
可歎往年與今日	가탄왕년여금일
無心還似水東流	무심환사수동류
丈夫志氣直如鐵	장부지기직여철
無曲心中道自眞	무곡심중도자진

첩첩이 쌓인 구름 산은 푸른 하늘과 이어졌는데
깊은 숲 외진 길에 사람 발길 없고
멀리 바라보니 달빛만 밝고 밝네.
가까이서 들리는 새떼 소리만 요란한데

늙은 몸 높고 푸른 누각에 홀로 앉았으니
작은 집에 한가로이 살며 백발 오는 대로 맡겨두리.
가버린 세월 이제 와서 탄식한들 무엇하리.
동쪽으로 흘러가는 물처럼 무심히 돌려보내리.
대장부 장한 마음 곧기가 무쇠와 같아서
굽힘 없는 마음 가운데도 스스로 이루리.

卍 고섬(孤蟾) … 하늘에 뜬 외로운 달.
卍 소실(小室) … 선승이 참선 공부를 하는 작은 집.
卍 왕년(往年) … 지나간 세월.
卍 도자진(道自眞) … 진실한 도가 스스로 이루진다.

大雄殿 대웅전

摩訶大法王

無短亦無長

本來非皂白

隨處現靑黃

> 摩訶大法王　　마하대법왕
> 無短亦無長　　무단역무장
> 本來非皂白　　본래비조백
> 隨處現靑黃　　수처현청황

글 / 금강경(金剛經) 오가해(五家解)

거룩하고 위대하신 법왕(法王)은
짧지도 또한 길지도 않으시며
본래 희거나 검지도 않으며
모든 곳에 인연 따라 청황(靑黃)으로 나타나시네.

卍 마하(摩訶) … 뒤에 오는 말을 찬미, 또는 강조하는 뜻으로 쓰이는 접두사이며, '크다, 위대하다' 라는 뜻.
卍 대법왕(大法王) … 부처님을 일컬음.
卍 조(皂) … 검다.

無名殿 무명전

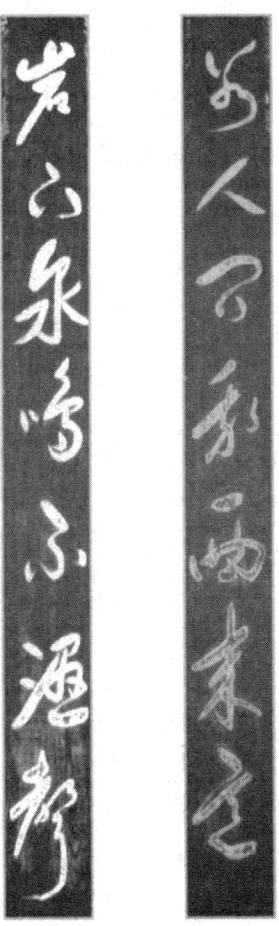

글/한암, 글씨/탄허

```
着火廚中眼忽明      착화주중안홀명
從玆古路隨緣淸      종자고로수연청
若人問我西來意      약인문아서래의
岩下泉鳴不濕聲      암하천오불습성
```

부엌에서 불을 지피다가 홀연히 눈이 밝으니
이로 쫓아 옛 길이 인연 따라 맑아지네.
누가 와서 내게 조사의 뜻이 무엇이냐 묻는다면
바위 아래 울어대는 물소리에 젖지 않았더라 하리라.

卍 고로(古路) … 옛 길. 예로부터 수행하여 오던 길.
卍 수연(隨緣) … 인연 따라.
卍 서래의(西來意) … 서쪽에서 온 뜻. 불교가 전파되어 온 뜻.

만 수 산   무 량 사
萬壽山 無量寺

◆
◆
◆

만수산(萬壽山) 무량사(無量寺) 극락전 전경

만수산(萬壽山) 무량사(無量寺)

충청남도 부여군 외산면 만수리
대한불교 조계종 제6교구 본산인 마곡사의 말사

고려 때에 전성(全盛)했던 이 절은 사기에 의하면 신라 문무왕 시절 범일(梵日)국사가 창건하였다고 전하고 있으나 확실하지 않고, 여러 차례의 중건, 중수를 거쳐서 오늘에 이르고 있다.

다만 신라 말의 고승 무염(無染)대사가 한때 머물렀던 일이 있고,

글씨 / 김찬균(金瓚均)

▲ 무량사 현판과 일주문

고려시대에 크게 중창을 하였으며, 또한 김시습(金時習)이 이 절에서 말년을 보내다가 입적하였다. 그리고 조선 중기에는 고승 진묵(震默)대사가 여기서 아미타불을 점안하고, 여러 가지 나무열매로 술을 빚어서 마시면서 도도한 시심(詩心)을 펼쳤던 유서 깊은 곳이기도 하다.

현존하는 당우로는 극락전을 비롯해 산신각, 요사채 등이 있다.

보물 제356호로 지정된 극락전에는 동양 최대의 좌불상이라 하는 아미타여래삼존불상이 봉안되어 있으며, 산신각에는 김시습의 영정이 모셔져 있다. 김시습이 1493년 이 절에서 죽자 승려들이 그의 죽음을 애도하고 장례를 잘 치러 주었으며, 그의 영각을 절 곁에 짓고 초상을 봉안하였다.

그 뒤 마을의 선비들이 김시습의 풍모와 절개를 사모하여 학궁(學宮) 곁에 사당을 짓고 청일사(淸逸祠)라 이름하고 초상화를 옮겨서 봉안하였다. 조선시대에는 이 절에서 많은 경판들이 간행되었는데, 〈법계성품수륙승회수재의귀〉, 〈몽상화상득도보설〉 등은 모두 이 절에서 간행되었다.

▲ 동양 최대의 좌불여래상(보물 356호)

極樂殿 극락전

九品含靈登彼岸

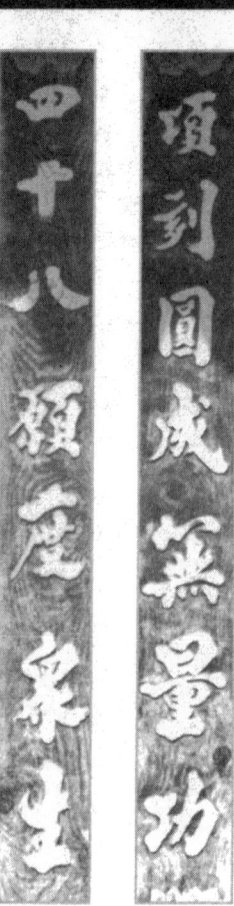
四十八願度衆生

項刻圓成無量功

若人一念稱名號

玉毫金色照靈空

極樂堂前滿月容

極樂堂前滿月容	극락당전만월용
玉毫金色照虛空	옥호금색조허공
若人一念稱名號	약인일념칭명호
頃刻圓成無量功	경각원성무량공
四十八願度眾生	사십팔원도중생
九品含靈登彼岸	구품함령등피안

석문의범

극락당(極樂堂) 앞에 만월(滿月) 같은 아미타불 얼굴
옥호(玉毫)에서 나는 금빛 허공을 비추는구나.
만일 사람들이 일념으로 그 명호(名號) 부른다면
잠깐 동안에 한량없이 큰 공덕 모두 이루리.
48가지 원을 세워 중생을 구제하시고
구품의 모든 중생 피안에 다다르게 하네.

卍 만월용(滿月容) … 둥근 달과 같이 원만한 부처님의 얼굴.
卍 옥호(玉毫) … 부처님 미간에 있는 밝은 털. 32상의 하나.
卍 일념(一念) … 한결같은 마음. 오직 한 가지 생각.
卍 명호(名號) … 부처님과 보살의 이름.
卍 구품(九品) … 극락 정토에 있는 부처에 이르는 9가지 등급.
卍 함령(含靈) … 심령을 갖고 있다는 뜻으로 중생을 지칭함.

靈山殿 영산전

千尺絲綸直下垂

一波總動萬波隨

夜靜水寒魚不食

宿程去我月明歸

千尺絲綸直下垂　　천척사륜직하수
一波纔動萬波隨　　일파재동만파수
夜靜水寒魚不食　　야정수한어불식
滿船空載月明歸　　만선공재월명귀

금강경, 오가해

천 길의 낚싯줄 곧게 드리우니
파도 하나 일어나자 온갖 파도 따라 이네.
밤은 고요하고 물은 차 와 고기 물지 않는지라
부질없이 배 가득 달빛 싣고 돌아오네.

卍 일파재동만파수(一波纔動萬波隨) … 한 생각 일어나자 온갖 망상 따라서 일어난다는 뜻.

▲ 무량사 극락전

山神閣 산신각

四智圓明諸聖師賁臨法會利群生

萬里白雲靑嶂裡 雲車鶴駕任閑情

靈山昔日如來囑 威鎭江山度衆生

威光徧照十方中 月印千江一切同

만수산 무량사

威光徧照十方中　　위광편조시방중
月印千江一切同　　월인천강일체동
靈山昔日如來囑　　영산석일여래촉
位鎭江山度衆生　　위진강산도중생
萬里白雲青嶂裡　　만리백운청장리
雲車鶴駕任閒情　　운차학가임한정
四智圓明諸聖昁　　사지원명제성패
賁臨法會利群生　　분림법회이군생

진묵대사 글(일부)

부처님의 위광(威光)이 온 세상에 가득하고
천 갈래 강에 비친 달은 천 개로 보여도 근본은 하나
옛날 영산(靈山)에서 부처님의 위촉으로
이 강산의 중생 제도하기 위엄 떨치셨네.
만리 뻗어 있는 흰 구름과 푸른 산봉우리 뒤에서
구름수레 타고 한가로이 지내시는
사지(四智)에 모두 통달한 많은 성인들
모두 법회에 임해서 많은 중생을 이롭게 하네.

卍 위광(威光) … 위엄이 있는 빛, 즉 부처님의 백호광.
卍 시방(十方) … 온 천지, 온 우주.
卍 월인천강(月印千江) … 천 개의 강에 비친 달 그림자.

卍 영산(靈山)… 영취산(靈鷲山)을 말함. 중인도 마갈다국 왕사성 부근
　　　　　　에 있는 산. 부처님이 그 산에서 법화경을 설법하신 것
　　　　　　으로 유명하다.
卍 위진(位鎭)… 위진(威振)의 오기로 보인다.
卍 사지(四智)… 부처님의 원만한 깨달음의 지혜를 말함. 즉, 대원경지
　　　　　　(大圓鏡智), 평등성지(平等性智), 묘관찰지(妙觀察
　　　　　　智), 성소작지(成所作智).

▲ 산신각 전경

 雨花宮 우화궁

事業一爐香火足
月燭雲屛海作樽

生涯三尺短節藜
大醉遽然仍起舞

鍾聲半雜風聲冷
却嫌長袖掛嵓崙

夜正全分月色明
靜邀山月歸禪空

天衾地席山爲枕
閒夢江雲祗衲衣

事業一爐香火足	사업일노향화족
生涯三尺短筇贏	생애삼척단공령
鐘聲半雜風聲泠	종성반잡풍성령
夜色全分月色明	야색전분월색명
天衾地席山爲枕	천금지석산위침
月燭雲屛海作樽	월촉운병해작준
大醉遽然仍起舞	대취거연잉기무
却嫌長袖掛崑崙	각혐장수괘곤륜
靜邀山月掃禪室	정요산월소선실
閑剪江雲袍衲衣	한전강운포납의

진묵대사 글(일부)

하는 일 향로에 향 사르는 것으로 족하고
한평생에 남길 거란 석 자 짧은 지팡이 하나.
종소리 바람소리 서로 섞여 서늘한데
밤 경치 밝은 달빛으로 더욱 좋아라.
하늘을 이불삼고 땅을 자리삼고 산을 베개삼으며
달을 촛불로, 구름으로 병풍하고, 바닷물을 술삼으니

크게 취해 의연히 일어서 춤을 추는데
거추장스럽구나, 장삼자락 곤륜산에 걸리니
조용히 산의 달빛 맞아 선방을 쓸고
강가의 구름을 잘라와서 옷에 솜을 놓누나.

卍 사업(事業) … 사나이로서 할 일.
卍 향화(香火) … 향에 불을 사르다. 즉 승가에 들어가 수행함.
卍 영(贏) … 남기다.
卍 포(袍) … 핫옷.
卍 납의(衲衣) … 가사를 일컫는 말.

冥府殿 명부전

利益人天無量事

見聞瞻禮一念間

恒河沙劫說難盡

地藏大聖威神力

만수산 무량사

```
地藏大聖威神力    지장대성위신력
恒河沙劫說難盡    항하사겁설난진
見聞瞻禮一念間    견문첨례일념간
利益人天無量事    이익인천무량사
```

지장경

지장보살님의 크나큰 위신력이여!
억 겁을 두고 설명해도 다 말하기 어렵도다.
잠깐만 보고 듣고 예배만 하여도
인천(人天)에 이익된 일 무한히 많아라.

卍 지장대성(地藏大聖) … 지장보살을 높이는 말.
卍 항하사(恒河沙) … 한량없이 많은 수.
卍 겁(劫) … 무한히 긴 시간의 단위.
卍 일념(一念) … 아주 짧은 시간.

오 봉 산   낙 산 사
五峰山 洛山寺

낙산사(洛山寺) 홍예문(강원도 유형문화재 제33호)

오봉산(五峰山) 낙산사(洛山寺)

강원도 양양군 강현면 전진리 낙산
대한불교 조계종 제3교구 본사인 신흥사의 말사

해변에 위치한 특이한 구조를 갖춘 사찰로서, 우리 나라 3대 관음 기도 도량 중의 하나이다. 이 절은 671년(문무왕 11년)에 의상(義湘)이 창건하였는데, 의상은 당나라에서 귀국하자 관세음보살의 진신(眞身)이 낙산(洛山) 동쪽 바닷가 굴 속에 있다는 말을 듣고 친견하기 위해서 찾아갔다. 굴 입구에서 7일 동안 재계하고 좌구(坐具)를 새벽 물 위에 띄우자 용중(龍衆)과 천중(天衆) 등 8부신장이 굴 속으로 그를 인도했다고 한다.

공중을 향하여 예배드렸더니 수정염주 한 꾸러미를 주므로 그것을 받아서 나오는데, 동해의 용이 여의보주(如意寶珠) 한 알을 다시 바쳤다고 한다. 이들을 가지고 와서 의상은 다시 7일 동안 재계하고 관세음보살의 진신을 보았다고 한다.

그러자 관세음보살이 이르기를 "좌상(座上)의 산꼭대기에 한 쌍의 대나무가 솟아날 것이니, 그 땅에 불전을 짓는 것이 마땅하리라." 하였다고 한다. 의상은 그곳에 금당(金堂)을 짓고 관음상을 만들어 모신 뒤 절 이름을 낙산사(洛山寺)라 하고, 그가 받은 두 구슬을 성전(聖殿)에 모셨다고 한다.

창건 이후 원효(元曉)도 관세음보살을 친견하기 위해서 이 절을 찾았는데, 원효가 절에 이르기 전에 관세음보살 화신을 만나게 되었지만 알아보지 못보고, 낙산사에 가서도 풍랑이 심해 관세음보살이 상주하는 굴에 들어가지 못하게 되었다는 설화가 《삼국유사》에 기록되어 있다.

圓通寶殿 원통보전

平沙落雁飛前舞　　평사낙안비전무
中有蓮花浮水池　　중유연화부수지
蒼海老龜坐後奇　　창해노구좌후기
億千萬古大慈悲　　억천만고대자비

모래밭에 내린 기러기 날기 전에 춤을 추고
그 사이에 연꽃 있어 물 위에 떠 있네.
푸른 바다에 늙은 거북 뒤에 앉은 것 기이한데
억천만 년 대자비한 관세음보살이여!

卍 평사(平沙) … 편편한 모래밭.
卍 낙안(落雁) … 땅에 내려앉은 기러기.
卍 노구(老龜) … 부목접맹구(浮木擁盲龜), 즉 망망 바닷속에 눈먼 거북이 바다 위로 목을 내미니, 바다 위를 표류하던 판자 구멍으로 머리가 나와 생명을 구한다는 말인데, 실로 일어나기 어려운 우연한 일에 비유하는 말.

▲ 낙산사의 원장(강원도 유형문화재 제34호)

紅蓮庵 홍련암

白衣觀音無說說　　백의관음무설설
南巡童子不聞聞　　남순동자불문문
瓶上綠楊三際夏　　병상록양삼제하
巖前翠竹十方春　　암전취죽시방춘

석문의범, 관음전 예불

흰 옷 입은 관음은 말없이 말하고
남순동자는 들음 없이 듣도다.
꽃병 위의 버들 항상 여름인데
바위 위의 대나무는 시방(十方)의 봄일세.

卍 백의관음(白衣觀音) … 33관음(觀音)의 한 분. 항상 흰 옷을 입고 흰 연꽃에 앉으신 자비의 관세음보살.
卍 무설설(無說說) … 말없는 가운데 말을 한다.
卍 남순동자(南巡童子) … 관세음보살을 왼쪽에서 모시는 보처존(補處尊).
卍 불문문(不聞聞) … 듣지 않는 것 같으면서도 듣는다.
卍 시방춘(十方春) … 온 세상 온 천지의 영원한 봄.

이 낙산사의 관음상에는 승려 조신(調信)이 시주하러 온 아리따운 여인을 보고 연정을 품었을 때, 꿈을 꾸고 자기의 잘못을 뉘우치게 되었다는 설화가 있다. 한 여인을 사랑하게 된 승려가 사랑이 맺어지기를 관음상에 염원했다가 꿈을 꾸게 된 이야기인데, 춘원 이광수(李光洙)가 이것을 《꿈》이라는 소설로 발표하여 더 유명하다.

월 출 산   도 갑 사
月出山 道岬寺

⸪

월출산(月出山) 도갑사(道岬寺)

전라남도 영암군 군서면 도갑리 월출산
대한불교 조계종 제22교구 본사인 대흥사의 말사

신라 말에 국사 도선(道詵)이 창건하였다. 원래 이곳에는 문수사(文殊寺)라는 절이 있었는데, 도선이 어린 시절을 보냈던 곳이다. 전설에 의하면, 도선의 어머니 최씨(崔氏)가 빨래를 하다가 물 위에 떠내려오는 참외를 먹고 도선을 잉태하여 낳았는데, 불길한 아이라고 숲 속에 버렸다고 한다.

그런데 비둘기들이 날아들어 그를 날개로 감싸고 먹이를 물어다 먹여 길렀으므로 최씨가 문수사 주지에게 맡겨 기르도록 하였으며, 장성한 그가 중국을 다녀와서 문수사 터에 이 절을 창건하였다고 한다. 그 뒤 1456년(세조 2년)에는 신미(信眉)와 수미(守眉)가 중건하였으며, 6·25 동란 때 소실되었던 것을 다시 중건하여 오늘에 이르고 있다. 현존하는 당우로는 대웅전(大雄殿), 명부전(冥府殿), 미륵전(彌勒殿), 해탈문(解脫門), 요사채 등이 있다.

이 중 국보 제50호로 지정된 도갑사 해탈문은 1473년(성종 4년)에 중건하였으며, 좌우에 금강역사상이 안치되어 있다. 또 미륵전 안에는 고려시대의 작품으로 보물 제89호인 석조여래좌상이 봉안되어 있다. 이밖에도 대웅보전 앞에는 석탑 2기와 도선과 수미의 비가 있다.

大雄寶殿 대웅보전

大雄寶殿

天上天下無如佛
十方世界亦無比
世間所有我盡見
一切無有如佛者

> 天上天下無如佛　　천상천하무여불
> 十方世界亦無比　　시방세계역무비
> 世間所有我盡見　　세간소유아진견
> 一切無有如佛者　　일체무유여불자

지도론

천상과 천하 어디에도 부처님같이 존귀한 분 안 계시고
시방 세계를 다 둘러봐도 역시 비교될 만한 분 없도다.
세간에 있는 것 모두를 내가 다 보았어도
모두가 부처님같이 존귀한 분 없도다.

卍 시방세계(十方世界) … 사방 사우 상하를 통틀어서 말함.
卍 세간소유(世間所有) … 이 세상에 있는 모든 것들.
卍 불자(佛者) … 부처님.

칠 현 산 칠 장 사
七賢山 七長寺

칠현산(七賢山) 칠장사(七長寺) 전경

칠현산(七賢山) 七長寺(칠장사)

> 경기도 안성군 죽산면 칠장리
> 대한불교 조계종 제2교구 본산인 용주사의 말사

　유서 깊은 이 절은 신라 선덕여왕 5년(636년) 자장율사가 창건하였다. 그 뒤 고려 초기에 혜소국사(慧炤國師)가 현재의 비각 자리인 백련암에서 수도할 때 찾아온 7명의 악한을 교화하여 모두 칠현(七賢)을 만들었으므로 산 이름을 칠장산(七長山)이라 하고, 또 '일곱 명의 뛰어난 사람이 났다'고 절 이름을 칠장사(七長寺)라 하였다고 한다.
　혜소국사는 현종의 왕명으로 절을 크게 중창하여 대가람을 이루었다. 그 뒤 중건과 중창을 거듭해 오다가 지방의 세도가에게 산을 빼앗겨 승려들이 모두 흩어져 잠시 빈 절이 되었던 것을 초견(楚堅)이라는 거사가 다시 절과 산을 찾아 중수하여 사찰의 면모를 다시 찾았다. 중요한 문화재로는 비각 안에 혜소국사 비가 있는데, 이 비에는 다음과 같은 전설이 있다.
　임진왜란 때 적장 '가토'가 이 절에 왔을 때, 어떤 노승이 홀연히 나타나 그의 잘못을 꾸짖자 화가 치민 가토가 칼을 빼어 노승을 치니 홀연히 노승은 사라지고 비석이 갈라지면서 피를 흘렸다. 이를 본 가토는 겁이 나서 곧 도망쳤다고 한다.
　현재 비신(碑身) 가운데가 갈라져 있어 이 이야기를 뒷받침한다.
　또한 조선시대에 인목대비께서는 광해군에게 희생된 부친과 영창대군의 넋을 달래기 위해 이곳을 원찰로 삼고 사찰을 중수하였으며, 조선 명종 때는 생불로 숭앙받던 병해대사(昞海大師)도 칠장사에 머물렀다. 대사는 임꺽정의 스승이기도 한데, 대사께서 이 절에서 머물다 입적하시자 임꺽정은 스승을 위해서 목불을 조성했으나 안타깝게도 6·25 동란 때 소실되고 지금은 그 말만 전해지고 있다.

大雄殿 대웅전

崑崙騎象鷺鷥牽

鐵蛇鑽入金剛眼

巖前石虎抱兒眠

海底泥牛含月走

海底泥牛含月走　해저니우함월주
巖前石虎抱兒眠　암전석호포아면
鐵蛇鑽入金剛眼　철사찬입금강안
崑崙騎象鷺鷥牽　곤륜기상로자견

고봉선사 화두송

해저(海底)의 이우(泥牛)는 달을 물고 달아나고
암전(巖前)의 호랑이는 아기를 안고 졸고 있네.
철사(鐵蛇)는 금강역사(金剛力士) 눈 속을 뚫고 드니
곤륜산(崑崙山)이 코끼리를 타고 자고새가 몰고 가네.

卍 이우(泥牛) … 흙으로 만든 소.
卍 포아면(抱兒眠) … 아기를 품고 잠을 자다.
卍 철사(鐵蛇) … 무쇠로 만든 뱀.
卍 금강(金剛) … 금강역사(金剛力士).
卍 노자(鷺鷥) … 자고새. 꿩과에 속하는 매추리 비
　　　　　　　　슷한 새.

圓通殿 원통전

正法明王觀世音

寶陀山上琉璃界

影入三途利有情

形分六道曾無息

正法明王觀世音	정법명왕관세음
寶陀山上琉璃界	보타산상유리계
影入三途利有情	영입삼도이유정
形分六道曾無息	형분육도증무식

석문의범

정법명왕여래(正法明王如來)이신 관세음보살님은
보타산상(寶陀山上) 맑은 세계에 계시네.
삼도(三途)와 지옥에 그림자처럼 들어가 모든 유정(有情) 이롭게 하시며
육도 윤회를 갈라놓아 다시는 윤회 못하게 하여 주시네.

卍 보타산(寶陀山) … 보타낙가산(寶陀落迦山)을 말하며, 인도 남쪽 해안에 있는 산으로서 관세음보살의 주거처(住居處)라고 함.

卍 유리계(琉璃界) … 유리전(琉璃殿)은 유리가 빛나는 아름다운 궁전, 즉 극락 세계의 아름다운 궁전을 말하는데, 유리계는 유리전이 있는 세계, 즉 극락을 말함.

卍 삼도(三途) … 지옥(地獄), 아귀(餓鬼), 축생(畜生).

卍 유정(有情) … 중생들.

冥府殿 명부전

寗府殿

地藏大聖威神力
恒河沙劫難說盡
見聞瞻禮一念覺
利益人天無量事

칠현산 칠장사 91

地藏大聖威神力　　지장대성위신력
恒河沙劫難說盡　　항하사겁난설진
見聞瞻禮一念覺　　견문첨례일념각
利益人天無量事　　이익인천무량사

지장경

지장보살님의 크나큰 위신력이여!
억 겁을 두고 설명해도 다 말하기 어렵도다.
잠깐만 보고 듣고 예배만 하여도
인천(人天)에 이익된 일 무한히 많아라.

卍 지장대성(地藏大聖) … 지장보살을 높이는 말.
卍 항하사(恒河沙) … 한량없이 많은 수.
卍 겁(劫) … 무한히 긴 시간의 단위.
卍 일념(一念) … 아주 짧은 시간.

天王門 천왕문

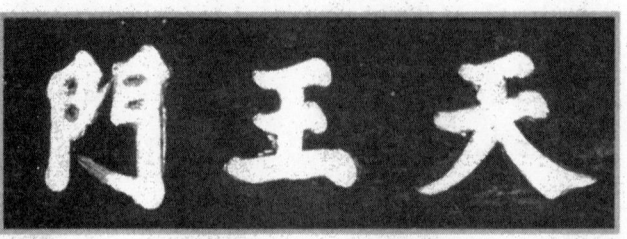

從善有情貽福蔭

罰惡群品賜灾隆

護世巡遊霧□通

四大天王威勢雄

四大天王威勢雄	사대천왕위세웅
護世巡遊處處通	호세순유처처통
罰惡群品賜災隆	벌악군품사재륭
從善有情貽福蔭	종선유정이복음

사천왕청

사대천왕(四大天王)의 위엄 크고도 웅장하여라.
온 세상을 지키시고 모든 곳에 나투시며
악한 무리에게 벌을 주어 재앙을 내리시고
착한 일 하는 사람에게 은덕과 복을 내려주시네.

卍 사대천왕(四大天王) … 사천왕(四天王).
卍 호세(護世) … 세상을 두루 지켜주심.
卍 벌악군품(罰惡群品) … 죄악을 짓는 무리들.
卍 복음(福蔭) … 복과 은덕.

태조산 성불사
太祖山 成佛寺

◆
◆
◆

태조산(太祖山) 성불사(成佛寺)

태조산(太祖山) 성불사(成佛寺)

**충남 천안시 안서동 106번지
대한불교 조계종 제6교구 본산인 마곡사의 말사**

이 절의 창건에 관해서는 다음과 같은 전설이 있다.

고려 태조가 태조 4년(921년) 도선(道詵)선사로 하여금 송도에 대흥사를 짓게 하였는데, 그때 때를 같이하여 전국에 명당을 골라 3,800개의 비보사찰(裨補寺刹)을 짓게 하였다고 한다.

그때 도선선사가 이곳에 당도해 보니 지금의 대웅전 뒤편 암벽에 백학이 불상을 조각하고 날아가므로, 그 자리에 절을 짓게 되었다고 한다.

지금도 대웅전 뒤편 암벽에는 희미하게 부처님의 입상 조각이 보이며, 측면에는 여러 작은 불상들이 뚜렷이 조각되어 있다.

그러나 역사적으로 보면 도선선사가 입적한 연대가 898년이므로 이 창건 전설과 창건 연대가 맞지 않아서 많은 문제가 있다.

그 뒤 목종 5년(1002년) 담혜(湛慧) 스님이 왕명으로 중창하였고 1398년에 이르러서는 조선 태조가 무학대사의 권고로 중건하고 여기서 기도를 하였다고 한다. 그래서 산 이름도 이전까지는 성거산(聖居山)이라고 부르던 것을 이태조가 기도하였다는 뜻으로 태조산(太祖山)이라고 고쳐 부르게 되었다고 한다.

그러나 정확한 시기나 그 뒤의 역사는 전해지지 않아서 확실한 내용은 잘 알 수가 없다. 천안시의 도심과 아주 가까운 거리에 자리잡고 있으면서도 인적이 전연 닿지 않은 첩첩 산중을 연상케 하는 이 절은 찾는 이의 마음을 한없이 편안히 한다.

大雄殿 대웅전

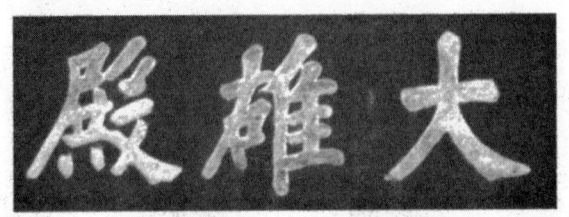

法洋覺海渺難窮

廣大願雲恒不盡

三世如來一切同

佛身普遍十方中

佛身普遍十方中　불신보편시방중
三世如來一切同　삼세여래일체동
廣大願雲恒不盡　광대원운항부진
汪洋覺海渺難窮　왕양각해묘난궁

석문의범

부처님은 우주에 가득하시니
삼세(三世)의 모든 부처님 다르지 않네.
광대 무변(廣大無邊)한 원력(願力) 다함이 없어
넓고 넓은 깨달음의 세계(世界) 헤아릴 수 없네.

卍 삼세(三世) … 과거, 현재, 미래의 세계.
卍 여래(如來) … 불타를 말함. '위없는 높은 이'라고 하는 의미로 무상(無上)의 무상(無上), 곧 무상상(無上上)이라고도 한다.
卍 원(願) … 중생을 구제하려 하는 원하고 바라는 부처님의 마음.
卍 왕양(汪洋) … 넓고 넓은 바다.
卍 각해(覺海) … 깨달음의 바다.

療舍 요사

海底泥牛含月走

巖前石虎抱兒眠

鐵蛇鑽入金剛眼

崑崙騎象鷺鷥牽

海底泥牛含月走　　해저니우함월주
巖前石虎抱兒眠　　암전석호포아면
鐵蛇鑽入金剛眼　　철사찬입금강안
崑崙騎象鷺鷥牽　　곤륜기상로자견

고봉선사 화두송

해저(海底)의 이우(泥牛)는 달을 물고 달아나고
암전(巖前)의 호랑이는 아기를 안고 졸고 있네.
철사(鐵蛇)는 금강역사(金剛力士) 눈 속을 뚫고 드니
곤륜산(崑崙山)이 코끼리를 타고 자고새가 몰고 가네.

卍 이우(泥牛) … 흙으로 만든 소.
卍 포아면(抱兒眠) … 아기를 품고 잠을 자다.
卍 철사(鐵蛇) … 무쇠로 만든 뱀.
卍 금강(金剛) … 금강역사(金剛力士).
卍 노자(鷺鷥) … 자고새. 꿩과에 속하는 매추리 비슷한 새.

화산 용주사
華山 龍珠寺

◆
◆
◆

화산(華山) 용주사(龍珠寺) 전경

화산(華山) 용주사(龍珠寺)

경기도 화성군 태안면 송산리 188번지
대한불교 조계종 제2교구 본산

이 절은 문성왕 16년(854년)에 창하여 광종 3년(952년)에 소실되어 버린 갈양사(葛陽寺)의 옛 터에 다시 창건한 사찰이다.

효성이 지극한 정조(正祖)는 늘 비운에 운명한 아버지 사도세자를 애통해 왔다. 그래서 그는 임금으로 등극하자 경기도 안주 땅 배봉산(拜峰山)에 있던 사도세자의 무덤을 이곳 화산(華山)으로 이장하고 처음 현능원(顯陵園)이라 하다가, 사도세자를 장조(莊祖)라 추존하고 묘도 융능(隆陵)으로 승격시켰다.

그리고 능 가까이에 아버지의 명복을 빌기 위해 영조 4년(1790년), 대대적인 불사를 일으켜 용주사를 세웠다. 그때 왕은 장흥(長興) 보림사(寶林寺)의 보경(寶鏡)화상으로 팔도 화주를 삼아 전국의 읍과 각 관조(官曹) 및 각 전으로부터 시주를 받게 하였는데, 그때 시주 받은 액수가 무려 87,505양(兩)이나 되었다고 한다.

그 중 일부로 절을 짓고 일부로는 사전(寺田)을 구입하는 데 썼다고 한다. 절이 완성되자 보경화상을 팔도 도승통(八道都僧統)에 임명하여 전국의 사찰을 다스리게 하였다.

화산(華山)은 별로 높은 산은 아니나 정조 임금을 묻은 건능(健陵)과 사도세자를 묻은 융능(隆陵) 그리고 용주사 등을 품고 있어서 역사상 매우 중요한 위치를 차지하고 있다.

石碑 석비

到此門來 도차문래   莫存知解 막존지해

解

이 문을 들어오는 사람
알음알이를 피우지 말라.

註

卍 차문(此門) … 용주사의 문.
卍 막존지해(莫存知解) … 속세의 작은 지식을 모두 버리고 마음을 비워
   불법을 겸허하게 받아들이라는 뜻.

天保樓 천보루

空看江山一搋快	공간강산일체쾌
母年一百歲	모년일백세
常憂八十兒	상우팔십아
欲知恩愛斷	욕지은애단
命盡始分離	명진시분리
不待東風自有春	부대동풍자유춘

마음 비우고 강산을 보니 모든 시름 사라지네.
어머니 나이 백 살이라도
팔십 나는 아들 걱정 항상 하네.
그 은혜 끝날 때를 알려면
목숨이 다해야 비로소 끝난다네.
동풍 기다리지 않아도 봄이 오면 스스로 불어오네.

이 주련은 기둥이 6개라서 앞뒤에 두 글귀를 배치하고 가운데 5언 절구 4줄을 모신 것 같다.

어버이의 사랑은 깊고 끝이 없어서 100세가 된 노모가 오히려 80이 나는 아들을 염려하신다. 그리고 그 크신 사랑은 한이 없으며, 목숨이 다해야 비로소 끝날지도 모른다는 내용의 글이며 효성을 일깨워 주고 있다.

天寶樓 石柱 천보루 석주

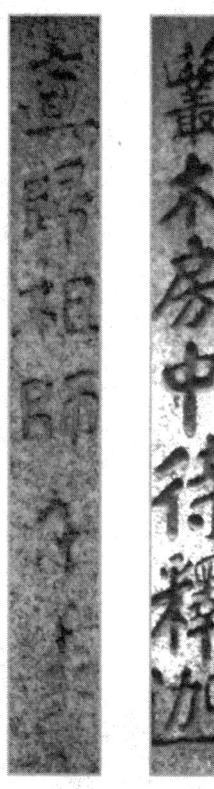

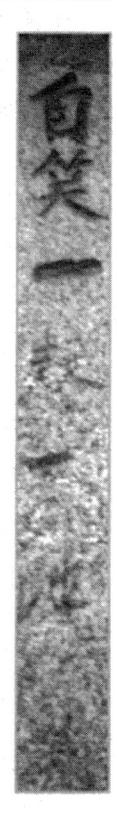

自笑一聲天地驚　　자소일성천지경
孤輪獨照江山靜　　고륜독조강산정
心得同時祖宗旨　　심득동시조종지
傳持祖印壬午歲　　전지조인임오세
叢木房中待釋迦　　총목방중대석가
眞歸祖師○○○　　진귀조사○○○

스스로 웃는 웃음 한 마디에 천지가 놀라고
외로운 달 홀로 비추니 강산이 고요하네.
조사의 종지 마음으로 깨달으니
조사의 인가 전하고 간직하니 때는 임오년
총림의 방안에서 석가모니 부처님 기다리니
진귀조사………

　이 글은 천보루 기둥 밑을 바치고 있는 돌에 각한 글인데 오랜 세월 동안 비바람에 마모되어 마지막 구절의 끝 글 3자와 처음 구절의 끝 자가 보이지 않는다. 첫 구절 끝자는 대략 놀랄 경(驚)자같이 보이므로 나름대로 경(驚)자로 생각하고 해석을 해 보았다.

▲ 천보루 6개의 돌기둥에 글이 보인다

山門 산문

龍蟠華雲　　용반화운
珠得造化　　주득조화
寺門法禪　　사문법선
佛下濟衆　　불하제중

용은 오색 구름 속에 서리고 있으니
여의주 얻어 조화 무궁하도다.
이 절의 법은 선법(禪法)이니
부처님이 내려오셔 중생 제도하시네.

이 글은 네 분의 서로 다른 스님들이 풍류를 즐기면서 한 분이 한 줄씩 지은 듯하다. 위 주련 글을 ↓방향으로 읽으면 궁색하나마 다음과 같은 뜻을 가진 글이 되는 것이 재미있다.

龍珠寺佛　용주사 부처님께서는
蟠得門下　문 뒤에 감도시며
華造法濟　중생 제도하는 법 아름답게 만들어
雲化禪衆　참선하는 중생 구름같이 교화하시네.

이 글을 서로 주고받으며 즐거워하시는 고승들의 티없는 웃음소리가 들려 오는 것만 같다.

曼殊利室 만수리실

室利殊曼

昨夜月滿樓	작야월만루
窓外蘆花秋	창외노화추
佛祖喪身命	불조상신명
流水過橋來	유수과고래

대우(大愚)선사 오도송

어젯밤 누각에 달빛 가득하더니
창 밖에는 갈대꽃 피니 가을이로다.
부처님과 조사님들 신명을 잃은 곳에
흐르는 물이 다리를 지나 오네.

卍 불조(佛祖) … 부처님과 조사.
卍 상신명(喪身命) … 몸과 목숨이 죽음.
卍 고(槁) … 마른 나무, 여기서는 나무 다리.

▲ 정문에 들어서면 돌로 포장된 길이 숲속으로 열린다

大雄寶殿 대웅보전

殿寶雄大

萬里無雲萬里天
千江有水千江月
法身清淨廣無邊
報化非眞了妄緣

報化非眞了妄緣　　보화비진료망연
法身淸淨廣無邊　　법신청정광무변
千江有水千江月　　천강유수천강월
萬里無雲萬里天　　만리무운만리천

불자지수독경

보신과 화신은 마침내 허망한 인연이요
법신은 청정하여 광대 무변한지라.
천 개의 강에 물이 있으니 달 그림자도 천 개요
만리 하늘에 구름이 없으니 만리가 한 하늘이로다.

卍 보화(報化) … 보신불(報身佛)과 화신불(化身佛).
卍 법신(法身) … 법신불(法身佛).

那由他寮 나유타료

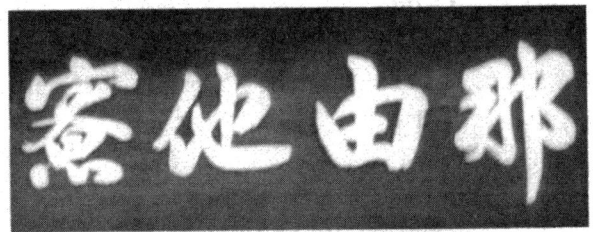

直到佛祖不知處秖是半途

且向父母未生前試道一句

直到佛祖不知處秖是半塗　직도불조부지처지시반도
且向父母未生前試道一句　차향부모미생전시도일구

부처님 오셨어도 그를 알지 못해 깨달음 이루지 못하여
마침내 이전에 남긴 글귀로 이루려 또 시도해 보네.

卍 지(秖)… 벼 처음 익을 지.
卍 반도(半塗)… 반도(半途)와 같음. 이루지 못한 일. 중도(中途).
卍 부모미생전(父母未生前)… 아득히 먼 과거세(過去世).

▲ 자연석에 새겨진 용주사

弘濟樓 홍제루

般若臺上演眞詮超脫浩劫

覺車宮中粟大僵普濟衆生

萬四千法門同臻彼岸

二百五十大戒共挾迷途

香積飯伊蒲饌無量封前把肥

蓮花偈貝葉徑不二門中天籟

般若臺上演眞詮超脫浩劫　　반야대상연진전초탈호겁
兜率宮中稟大偈普濟衆生　　두솔궁중품대게보제중생
萬四千法門同臻彼岸　　　　만사천법문동진피안
二百五十大戒共抚迷塗　　　이백오십대계공오미도
香積飯伊蒲饌無量劫前地肥　향적반이포찬무양겁전지비
蓮花偈貝葉經不二門中天籟　연화게패엽경불이문중천뢰

반야대에서 참된 깨달음 얻어 길이 세속에서 벗어나시고
도솔궁 가운데서 큰 게를 주워 널리 중생을 구제하시네.
만사천 법문 모두 피안에 이르게 하고
이백오십 큰 계율 모두 미혹을 끊네.
맛있는 밥과 찬은 오랜 세월 전에 땅을 비옥하게 한 탓이요
패엽경과 연화게는 불이문 속의 천악(天樂)일세.

卍 진전(眞詮) … 참된 깨달음.
卍 초탈(超脫) … 세속을 벗어남.
卍 진피안(臻彼岸) … 피안에 이르게 하다.
卍 천뢰(天籟) … 천악(天樂).

화산 용주사 117

石塔 石柱 석탑 옆의 석주

   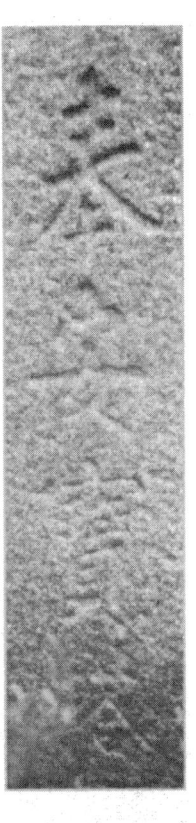

奉安寶塔　　　　봉안보탑
世尊舍利　　　　세존사리
臨濟家風　　　　임제가풍
古今玄要　　　　고금현요

보탑(寶塔)을 받들어 모셔
부처님의 사리를 안치하네.
이 절의 가풍은 임제종이니
고금의 넓고 요긴한 진리일세.

卍 가풍(家風)… 한 종파에 이어져 오는 전통과 풍습 범절.
卍 현요(玄要)… 크고 깊고 요긴한 진리.

▲ 앞 뜰의 5층석탑(탑 사방의 석주에 이 글이 있다)

梵鐘閣 法鼓閣 법종각 법고각

願成佛度衆生

離地獄出三界

智慧長菩提生

聞鐘聲煩惱斷

聞鐘聲煩惱斷	문종성번뇌단
智慧長菩提生	지혜장보리생
離地獄出三界	이지옥출삼계
願成佛度衆生	원성불도중생

종송

이 종소리 들으시고 번뇌 망상(煩惱妄想) 끊으소서.
지혜(智慧)가 자라고 보리심(菩堤心)을 발(發)하소서.
지옥고(地獄苦)를 여의고 삼계(三界)를 뛰쳐나와
원컨대 성불(成佛)하시고 중생 제도(衆生濟度)하옵소서.

卍 번뇌(煩惱) … 마음이 시달려서 괴로움.
卍 보리(菩提) … 불생 불멸의 진리를 깨닫는 지혜.

이 게송은 종을 치는 스님의 마음이 되어 음미하는 것이 좋다. 여러 번 독송하면 종소리와 같은 음율이 들려 올 것이다.

地藏殿 지장전

地藏大聖威神力　　지장대성위신력
恒河沙劫說難盡　　항하사겁설난진
見聞瞻禮一念間　　견문첨례일념간
利益人天無量事　　이익인천무량사

한산(寒山) 스님

解

지장보살님의 크나큰 위신력이여!
억 겁을 두고 설명해도 다 말하기 어렵도다.
잠깐만 보고 듣고 예배만 하여도
인천(人天)에 이익된 일 무한히 많아.

 註

卍 항하사(恒河沙)… 한량없이 많은 수.
卍 겁(劫)… 무한히 긴 시간의 단위.
卍 일념(一念)… 아주 짧은 시간.
卍 인천(人天)… 인간 세계와 천상의 세계.

▲ 용주사 정문

무봉산 봉림사
舞鳳山 鳳林寺

∴
무봉산(舞鳳山) 봉림사(鳳林寺)의 대웅전

무봉산(舞鳳山) 봉림사(鳳林寺)

경기도 화성군 남양면 복양리
대한불교 조계종 제2교구 본산 용주사의 말사

이 사찰은 수려한 무봉산에 자리잡고 있다. 신라 진덕여왕 때 고구려의 침략을 불도(佛道)의 힘으로 막기 위해 이 절을 지었다고 한다.

전설에 의하면 진덕여왕 13년에 고려의 한 장수가 신라에 귀순하여, 싸움이 빈번한 당시의 혼란한 시국을 막기 위해 왕에게 건의해서 이 절을 지었다고 한다. 절을 짓자 궁궐에서 기르던 새가 절에 날아와서 주변 나무에 앉았으므로 '봉림사'라고 하였다 한다.

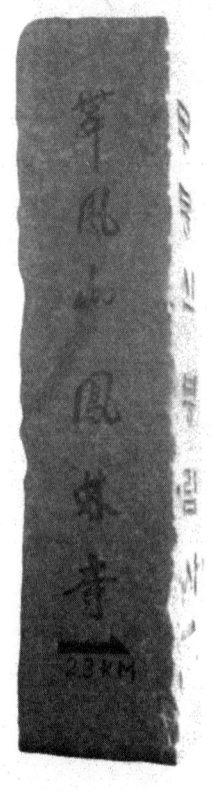

그 뒤의 역사는 전해지지 않고 있다.

현존하는 당우로는 대웅전을 비롯 봉향각(奉香閣), 망향루(望鄕樓), 범종각, 요사(療舍) 등이 있다.

이 절에서 특히 유명한 것은 고려시대에 조성된 목조여래좌상이다.

경기도 유형문화재로 지정된 이 불상은 높이 88.5cm의 좌불상인데, 1978년 불상 개금 때 발견된 조선개금기에 의하면 공민왕 11년(1362년) 이전에 조성된 아미타불상이라는 것이 알려졌다.

얼굴은 그 당시 제작된 다른 불상에 비해서 더욱 침잠하고, 몸은 앞으로 많이 숙여지고 무릎이 직각으로 되어 있으며, 단정하고 무게 있는 체구를 지니고 있다.

고려시대의 불상을 대표할 만한 아주 거룩하고 훌륭한 작품이다.

 **大雄殿** 대웅전

迦葉堂特傳

釋迦猶末會

淤泥一相圓

古佛未生前

古佛未生前	고불미생전
凝然一相圓	응연일상원
釋迦猶未會	석가유미회
迦葉豈能傳	가섭기능전

선가규감

옛 부처님 나기 전에
의젓한 동그라미
석가도 알지 못한다 했는데
어찌 가섭(迦葉)이 전하리.

卍 응연(凝然) … 불변하
　　는 모양. 아무런 작
　　용을 하지 않고 가
　　만히 있는 것.
卍 일상(一相) … 차별도
　　대립도 없는 절대
　　평등의 진여(眞如)
　　의 상(相).
卍 회(會) … 맞출 회.

▲ 고려시대에 조성된 목조여래좌상

수리산 수리사
修理山 修理寺

수리산(修理山) 수리사(修理寺) 전경

수리산(修理山) 수리사(修理寺)

경기도 화성군 반월면 속달리
대한불교 조계종 제2교구 본사인 용주사의 말사

이 절은 유서 깊은 신라의 고찰이다. 확실한 창건 연대는 알 수 없으나 신라 진흥왕 연대(약 1400년 이전)에 창건되었다고 한다.

그 뒤 이 절에서 수도하던 왕손(王孫)인 운산대사가 꿈속에서 부처님을 친견하고 "그대는 반드시 성불하리라." 하는 별기(別記)를 받았으므로, 부처님을 친견(親見)했다는 뜻으로 산 이름을 견불산(見佛山)이라 하고, 절 이름을 '모든 이치와 도를 닦는 곳'이라는 뜻으로 수리사(修理寺)라 했다고 한다.

창건 당시의 수리사의 사세는 대단했으며, 대웅전을 비롯 36동의 건물과 산 안에 12개의 암자가 있는 대찰(大刹)이었다. 그러나 안타깝게도 임진왜란 때 전소되어 버렸는데, 곽재우 장군이 말년에 입산하여 소실된 절 터에 절을 중창하고 수도를 하게 되었다.

그 후의 내력은 확실히 알려지지 않았으나, 한때 경허 큰스님께서 약 200명의 대중과 함께 이곳에 주석하시며 선풍을 드날렸다.

앞마당에 3층석탑이 1기가 있는데, 초층 탑신에는 검은 대리석에 〈부모은중경(父母恩重經)〉이 새겨져 있는 것이 유명하다.

大雄殿 대웅전

汪洋覺海妙難窮

廣大願雲恒不盡

卅如來一體同

伴身普徧十方中

```
佛身普遍十方中    불신보변시방중
三世如來一體同    삼세여래일체동
廣大願雲恒不盡    광대원운항부진
汪洋覺海妙難窮    왕양각해묘난궁
```

석문의범

부처님은 우주에 가득하시니
삼세(三世)의 모든 부처님 다르지 않네.
광대 무변(廣大無邊)한 원력(願力) 다함이 없어
넓고 넓은 깨달음의 세계(世界) 헤아릴 수 없네.

卍 시방(十方) … 온 천지, 온 우주.
卍 삼세(三世) … 과거, 현재, 미래의 세계.
卍 여래(如來) … 불타를 말함. '위없는 높은 이'라고 하는 의미로 무상(無上)의 무상(無上), 곧 무상상(無上上)이라고도 한다.
卍 왕양(汪洋) … 넓고 넓은 바다.
卍 각해(覺海) … 깨달음의 바다.

羅漢殿 나한전

柴絁宮中星若列

三千界主釋迦尊

青蓮座上月如生

132　韓國 寺刹의 柱聯

```
青蓮座上月如生    청련좌상월여생
三千界主釋迦尊    삼천계주석가존
紫紺宮中星若列    자감궁중성약열
```

나한전 장엄송

푸른 연꽃 자리 위에 둥근 달이 떠오르듯
삼천 세계 주인이신 석가모니 부처님
거룩한 하늘나라 궁전에 뭇 별이 늘어서듯.

卍 청련(青蓮) … 연꽃의 일종으로 연꽃 중에도 가장 귀한 연꽃.
卍 삼천계(三千界) … 온 세계. 삼천대천 세계의 준말.
卍 자감궁(紫紺宮) … 자줏빛 비단 휘장이 쳐진 궁전. 즉 고귀한 분이 계시는 궁전.

이 주련의 원문은 다음과 같은 4행시인데, 이 절 산신각의 기둥이 세 개뿐이므로 기둥에 맞춰 3행(三行)만으로 편성한 것이다.

```
青蓮座上月如生    청련좌상월여생
三千界主釋迦尊    삼천계주석가존
紫紺宮中星若列    자감궁중성약열
十六大阿羅漢衆    십육대아라한중
```

山神閣 산신각

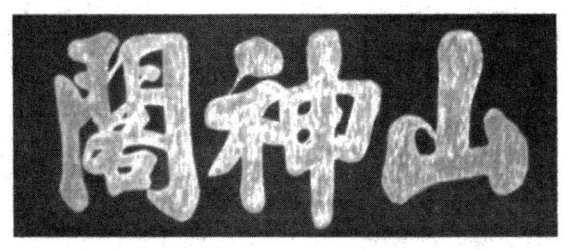

靈山昔日如來囑

萬里白雲青嶂裡

靈山昔日如來囑　　영산석일여래촉
萬里白雲靑嶂裡　　만리백운청장리

옛날 영산(靈山)에서 부처님의 위촉받고서
만리 흰 구름과 푸른 산봉우리 뒤에 계시네.

卍　영산(靈山) … 영취산(靈鷲山)을 말함. 중인도 마갈다국 왕사성 부근
　　에 있는 산. 부처님이 그 산에서 법화경을 설법하신 것
　　으로 유명하다.

이 주련 역시 앞 경우와 같이 산신각의 기둥이 두 개뿐이므로, 다음 4행시 가운데서 2행(二行)만 취한 것이다.

靈山昔日如來囑　영산석일여래촉
威振江山度衆生　위진강산도중생
萬里白雲靑嶂裡　만리백운청장리
雲車鶴駕任閑情　운거학가임한정

서 운 산 청 룡 사
瑞雲山 青龍寺

⁘

서운산(瑞雲山) 청룡사(青龍寺) 대웅전

서운산(瑞雲山) 청룡사(靑龍寺)

경기도 안성군 서운면 청룡리 28번지
대한불교 조계종 제2교구 본사 용주사의 말사

이 절은 1265년(원종 6년) 명본대사(明本大師)가 창건하여 대장암(大藏庵)이라 하였던 것을 1364년(공민왕 13년) 나옹왕사(懶翁王師)가 크게 중창할 때 청룡(靑龍)이 서기가 가득한 구름을 타고 내려오는 것을 보았다고 하여 절 이름을 청룡사, 산 이름을 서운산(瑞雲山)이라고 하였다.

그러나 그 뒤의 역사는 전해지지 않고 있다. 현존하는 당우(堂宇)로는 대웅전을 비롯하여 관음전(觀音殿), 명부전(冥府殿), 관음청향각(觀音靑香閣), 대방(大房) 등이 있으며, 대웅전 앞 3층석탑은 경기도 유형문화재 제59호로 지정되어 있다. 이밖에도 877근이 넘는 범종(梵鐘)이 있는데, 1674년(현종 15년)에 밀언(密彦)에 의해서 주조된 것이다.

부속 암자로는 은적암, 내원암, 서운암 등이 있다. 은적암은 약 600년 전에 창건된 암자로서 선수(仙水)라고 하는 유명한 약수가 있다.

大雄殿 대웅전

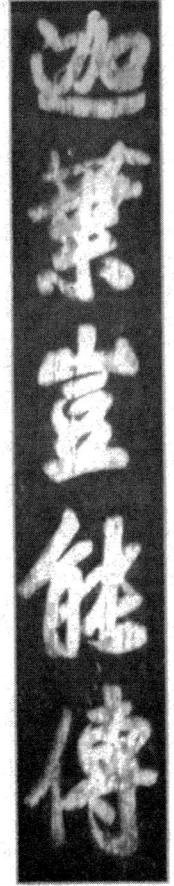

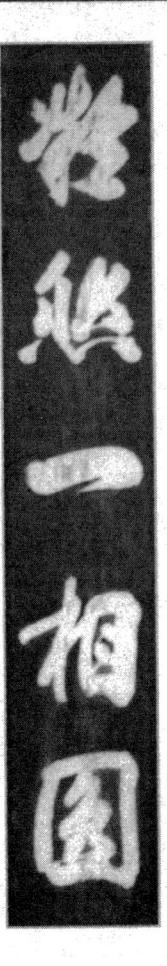

迦葉豈能傳　釋迦猶未會　炳然一相圓　古佛未生前

古佛未生前　고불미생전
凝然一相圓　응연일상원
釋迦猶未會　석가유미회
迦葉豈能傳　가섭기능전

선규가감

옛 부처님 나기 전에
의젓한 동그라미
석가도 알지 못한다 했는데
어찌 가섭(迦葉)이 전하리.

卍 응연(凝然) … 불변하는 모양. 아무런 작용을 하지 않고 가만히 있는 것.
卍 일상(一相) … 차별도 대립도 없는 절대 평등의 진여(眞如)의 상(相).
卍 회(會) … 맞출 회.

療舍 요사

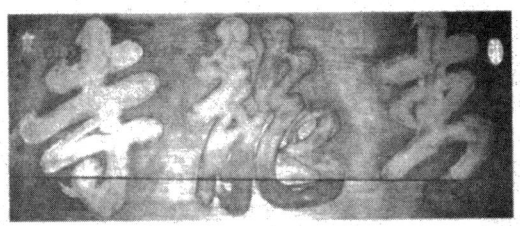

青龍寺

明月清風是一家

幾作三途苦虎月

一條寒栢是

不學白雲一樣下

不學白雲巖下客　　불학백운암하객
一條寒衲是生涯　　일조한납시생애
幾作三途昏虛月　　기작삼도혼허월
明月淸風是我家　　명월청풍시아가

한산(寒山) 스님

백운(白雲)에게도 다 배운 바위 밑의 나그네
한 벌의 가사가 바로 내 생애라네.
어찌 삼도(三途)에 허망한 깨달음 이룬다 하리.
밝은 달 맑은 바람 이것이 내 사는 집이라네.

卍 불학(不學) … 학문을 다 해서 더 배울 것이 없는 경지.
卍 한납(寒衲) … 소박한 가사(袈裟). 출가자를 말함.
卍 혼허월(昏虛月) … 월(月)은 통상 선(禪)을 뜻하며, 깨달음의 상징.
　　　　　　　　　혼미하고 허망한 깨달음.
卍 명월청풍시아가(明月淸風是我家) … 강산을 즐기고 사는 것이 바로
　　　　　　　　　깨달은 사람의 경지라는 뜻.

冥府殿 명부전

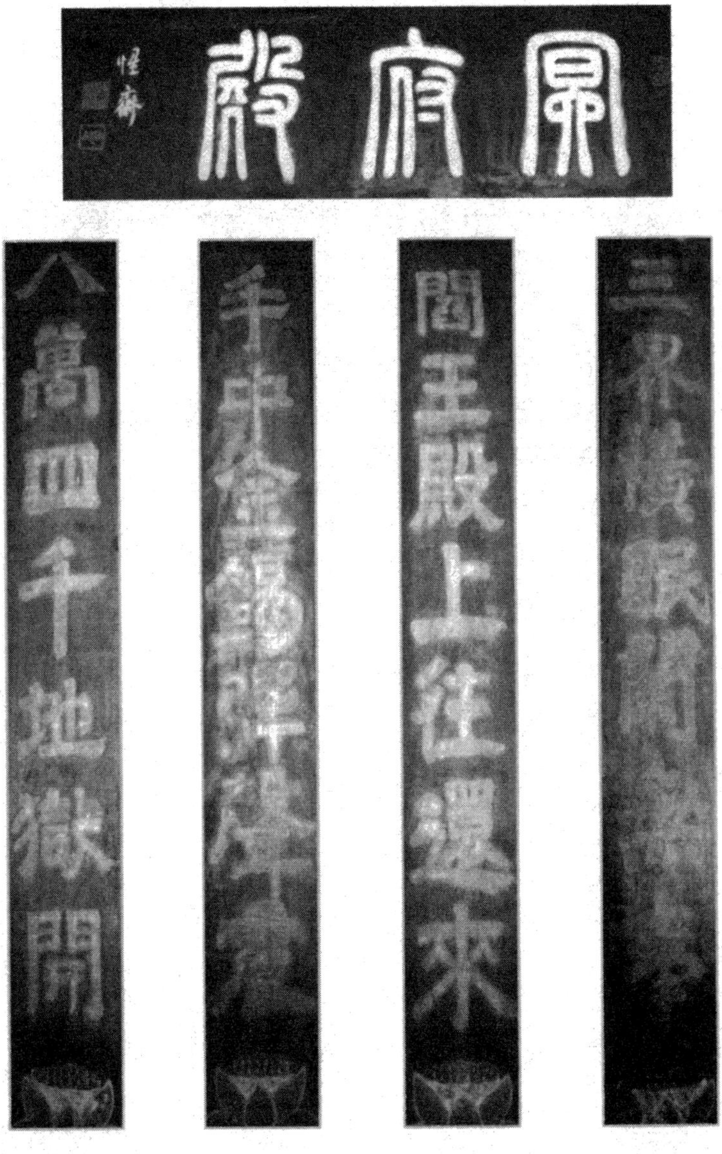

冥府殿

- 入萬四千地獄開
- 手中金錫振開
- 閻王殿上金還來
- 三界暇到

三界橫眠閑無事　　삼계횡면한무사
閻王殿上往還來　　염왕전상왕환래
手中金錫彈聲震　　수중금석탄성진
八萬四千地獄開　　팔만사천지옥개

지옥청

삼계(三界)에 드러누워 일없이 한가해도
염라대왕 궁전에는 수없이 왕래하네.
손에 든 금 석장(錫杖) 소리 진동하면
팔만 사천의 지옥문 모두 열리네.

卍 염왕(閻王)… 염라대왕(閻羅大王).
卍 금석(金錫)… 황금으로 만든 석장(錫杖).

九峰山 新興寺
구 봉 산 신 흥 사

◆
◆◆

구봉산(九峰山) 신흥사(新興寺)

구봉산(九峰山) 신흥사(新興寺)

경기도 화성군 서신면 상안리 산 42번지
대한불교 조계종 제2교구 본산인 용주사의 말사

　서해가 내려다보이는 구봉산 당성 안에 옛날 절이 있었다. 오랜 세월이 지나면서 절은 없어지고 부처님만 당성 안에 계셨는데, 어느 날 덕인 스님 꿈에 도인 스님이 나타나 당성 안에 계신 관세음보살을 내려다 잘 모시고 절을 지으라고 현몽하셨다 한다.
　그래서 부처님을 찾아보니 숲만 무성하고 부처님은 어디 계신지 몰라 찾고 있는데, 한 숲에서 새떼들이 짹짹거리고 있었다. 그곳에 가보니 옛 절터에 석불(관세음보살)이 칡덩굴에 덮여 서 계셨다. 내려다 모시고 절을 지었으니 지금의 구법당 관음전이 바로 그것이다.
　관세음보살을 구법당 관음전에 모시고 난 얼마 후에 또 불도섬이란 곳에 부처님이 계시니 모셔가라 하여 불도섬 언덕에 바다를 바라보고 서 계시는 아미타 부처님을 모셔 왔는데, 이 부처님께서 불도섬에 계시게 된 연유는 다음과 같다.
　옛날 이 섬에 사는 어떤 어부가 고기잡이를 하러 나갔다가 바닷속에서 그물에 걸린 부처님을 건져, 현재의 그 절 터에 모시고 공양도 정성껏 올렸다. 어부는 절도 짓고 부처님을 잘 모셨는데, 오랜 세월이 지나면서 어부는 늙어 죽고 절은 허물어졌으며, 부처님만 언덕에 서 계신 것을 지금의 신흥사 구법당으로 모셔 오게 된 것이다.

無名殿 무명전

우주는 한가정   중생은 한가족
원수 갚지 말고   은혜는 갚아라

 解

이 우주에 사는 사람은 모두 한 가정
모든 중생은 한 가족과 같이 친근한 사이
원한이 생겨도 원수로 생각하지 말고
고마운 은혜는 잊지 말고 꼭 갚아라.

觀音殿 관음전

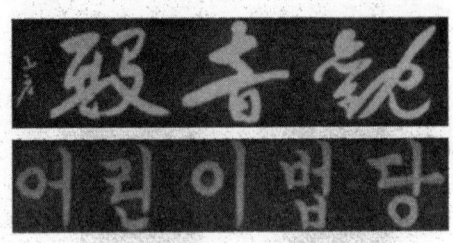
어린이법당

흰 옷 입은 관음보살 설함없이 설하시고

정례하는 님 수등자들 음없이 들으시네

병에 꽃힌 푸른 버들은 언제나 여름이요

바위 앞에 푸른 대나무 시방의 봄이로세

> 흰옷 입은 관음보살 설함 없이 설하시고
> 정례하는 남순동자 들음 없이 들으시네
> 병에 꽂힌 푸른 버들은 언제나 여름이요
> 바위 앞에 푸른 대나무 시방의 봄이로세

청소년 수련원으로 큰 몫을 하는 도량답게 한글 주련이 많다.
이 글의 한문 원문은 다음과 같다

白衣觀音無說說   백의관음무설설
南巡童子不聞聞   남순동자불문문
甁上綠楊三際夏   병상록양삼제하
巖前翠竹十方春   암전취죽시방춘

― 석문의범, 관음전 예불

三聖閣 삼성각

古聖興悲作七星

人間壽福各司同

隨感赴緣如月印

空界循環濟有情

古聖與悲作七星　　고성여비작칠성
人間壽福各司同　　인간수복각사동
隨感赴緣如月印　　수감부연여월인
空界循環濟有情　　공계순환제유정

석문의범

解

옛 성인이 자비심으로 칠성이 되니
인간의 목숨과 복을 각각 관장함이라.
인연 따라 감응한데, 천강(千江)에 달 비추듯이
허공계에 돌고 도며 중생들 제도(濟度)하도다.

註

卍 고성(古聖) … 옛 성인.
卍 비(悲) … 자비심.
卍 칠성(七星) … 칠성성군(七星星君)의 준말.
卍 사동(司同) … 맞이하여 관장하다.
卍 감(感) … 감응.
卍 월인(月印) … 월인천강(月印千江).
卍 공계(空界) … 허공계.
卍 유정(有情) … 마음이 있는 생물, 즉 중생.

큰법당

큰 법 당

한량없는 여래의 ○○습
중생을 다 건지오리다
번뇌를 다 끊으오리다
법문을 다 배우오리다
불도를 다 이루오리다
어쩌나 이 세상 오 첫네

한량없는 여래의 그 모습
중생을 다 건지오리다
번뇌를 다 끊으오리다
법문을 다 배우오리다
불도를 다 이루오리다
어쩌다 이 세상 오셨네

이 주련은 사홍서원(四弘誓願)을 국문으로 적은 것이다.
한문(漢文)의 사홍서원은 다음과 같다.

衆生無邊 誓願度　중생무변 서원도
煩惱無盡 誓願斷　번뇌무진 서원단
法門無量 誓願學　법문무량 서원학
佛道無上 誓願成　불도무상 서원성

함월산 기림사
含月山 祇林寺

⋮

함월산(含月山) 기림사(祇林寺) 전경

함월산(含月山) 기림사(祇林寺)

경상북도 월성군 양북면 호암리
대한불교 조계종 제11교구 본사인 불국사의 말사

643년(선덕여왕 12년) 천축국(天竺國)의 승려 광유(光有)가 창건하여 임정사(林井寺)라 부르던 것을, 뒤에 원효(元曉)가 중창하여 머물면서 기림사로 개칭하였다. 기림사란 부처님 생존 때에 세워졌던 인도의 기원정사(祇園精舍)를 뜻한다. 신라 제31대 신문왕은 대왕암(大王巖)에 다녀오던 길에 이 절의 서쪽 계곡에서 점심을 들었으며, 고려 말의 각유(覺猷)는 이 절의 주지로 있었다.

그 뒤 1578년(선조 11년)에 축선(竺禪)이 중건하였고, 정조 때에는 경주부윤 김광묵(金光默)이 사재를 희사하여 크게 중수하였다. 1862년(철종 13년)에는 화재로 113칸의 당우가 소실되었으나, 이듬해 봄에 사찰의 승려들이 부윤 송우화(宋迂和) 등의 시주를 받아 공사를 시작하여 가을에 복원하였으며, 그 뒤 1878년의 중수를 거쳐 1705년에는 혜훈(慧訓)이 다시 중수하였다.

31본산 시대에는 월성군 일대를 관장하였으나, 현재는 불국사에 그 자리를 물려주었다.

문화재로는 보물 제415호로 지정된 건칠보살좌상과 목탑지(木塔趾), 석조치미(石造鴟尾), 많은 문적(文籍) 등이 있다.

大寂光殿 대적광전

大寂光殿

世尊坐道場
清淨大光明
化如千日出
照腥大千界
諸法從本來
常自寂滅相

함월산 기림사

```
世尊坐道場      세존좌도량
清淨大光明      청정대광명
比如千日出      비여천일출
照曜大千界      조요대천계
諸法從本來      제법종본래
常自寂滅相      상자적멸상
```

화엄경

부처님께서 대 도량에 계시니
청정한 대 광명을 놓으시는데
비유컨대 마치 천 개의 해가 솟은 듯
대천 세계를 밝게 비추네.
모든 법의 존재는 그 본래가
항상 적멸(寂滅)한 것이니라.

卍 조요(照耀) … 밝게 비추다.
卍 대천계(大千界) … 삼천대천 세계, 온 우주.
卍 적멸(寂滅) … 번뇌의 세계를 완전히 벗어난 경지. 생멸이 함께 없어져 무위 적정함. 곧 번뇌의 경계를 떠난 열반.

華井堂 화정당

立尊當入雪山中
我本西方一衲子

一坐不知經六年
如何渠爲帝王家

眸見明星云悟道
百年三萬六千日

言詮消息通三千
不如僧家半日閒

世尊當入雪山中	세존당입설산중
一坐不知經六年	일좌부지경육년
因見明星云悟道	인견명성운오도
言詮消息遍三千	언전소식변삼천
我本西方一衲子	아본서방일납자
如何妥落帝王家	여하타락제왕가
百年三萬六千日	백년삼만육천일
不如僧家壹日間	불여승가일일간

부처님께서 설산(雪山)에 계실 적에
한 번 앉아 6년이 흘러감을 알지 못했네.
밝은 별을 보고 도를 깨달으시니
그 말씀 그 소식 삼천 세계에 가득하여라.
나 본래 서방의 한 납자(衲子)였으나
어찌하여 제왕가(帝王家)에 태어났는가?
백 년의 삼만 육천 일이
승가(僧家)의 하루만 못하여라.

158 韓國 寺刹의 柱聯

冥府殿 명부전

冥府殿

南方敎化幾時休

造惡人多修善少

地獄門前淚不收

誓當地藏浮閻遊

莫言地藏得閒遊	막언지장득한유
地獄門前淚不收	지옥문전루불수
造惡人多修善少	조악인다수선소
南方敎化幾時休	남방교화기시휴

석문의범

지장보살 한가하게 논다 하지 말게.
지옥 문 앞에서 눈물 거두지 못하네.
악업 짓는 사람 많고 선을 닦는 사람 적으니
남방을 교화하느라 쉬는 시간 언제 있겠는가?

卍 한유(閒遊) … 한가로이 논다.
卍 조악인(造惡人) … 악업(惡業)을 짓는 사람.
卍 수선(修善) … 선업을 닦는 사람.

▶ 건칠보살좌상
(보물 제415호)

◀ 골굴암 마애여래좌상
(보물 제581호)

藥師殿 약사전

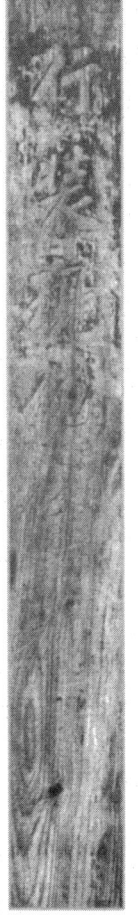

東方世界名滿月　　　　동방세계명만월
佛號琉璃光皎潔　　　　불호류리광교결
那畔神通世所稀　　　　나반신통세소희
行裝現化任施爲　　　　행장현화임시위

동방 세계의 이름은 만월인데, 거기
부처님 명호는 유리광보살이며 맑고 깨끗하네.
나반존자(那畔尊者)의 신통력은 세상에 드문 바라
나툼과 감춤을 마음대로 하시네.

卍 유리광(瑠璃光) … 유리광보살.
卍 나반(那畔) … 나반존자(那般尊者).
卍 행장현화(行裝現化) … 나투고 감춤.

應眞殿 응진전

兜率夜摩迎善逝	도솔야마영선서
須彌他化見如來	수미타화견여래
同時同會皆如此	동시동회개여차
月印千江不可提	월인천강불가제
松巖隱迹經千劫	송암은적경천겁
生界潛形入四維	생계잠형입사유

도솔천과 야마천에서 부처님 영접하고
수미산과 타화천을 부처님은 보시네.
한때 한 자리에 모인 것이 다 이와 같으나
천 개의 강에 비친 달 다 잡을 수 없네.
소나무와 바위 뒤에 숨어 천 겁을 지내고
중생계에 모습 감추고 들어와 사방으로 왕래하네.

卍 도솔(兜率) … 도솔천.
卍 야마(夜摩) … 야마천.
卍 선서(善逝) … 부처님의 명호의 하나.
卍 수미(須彌) … 수미산(須彌山).
卍 타화(他化) … 타화자재천.
卍 월인천강(月印千江) … 천 개의 강에 비친 달 그림자.

미숭산 반룡사
美崇山 盤龍寺

미숭산(美崇山) 반룡사(盤龍寺) 지장전

미숭산(美崇山) 반룡사(盤龍寺)

경상북도 고령군 쌍림면 용리
대한불교 조계종 제9교구 본사인 동화사의 말사

이 절은 802년(애장왕 3년)에 해인사와 함께 창건된 사찰로서 고려 중기에 보조국사(普照國師)가 중창하였고, 고려 공민왕 때에 나옹(懶翁)이 중건하였다. 또한《동국여지승람》에는 원나라 세조가 이 절에 내린 방문(榜文)의 전문이 기록되어 있다. 이 방문에 따르면 일본의 정벌을 위해서 경상도 땅에 왔던 원나라 군사들이 절을 짓밟고 시끄럽게 하는 것을 경계한 것으로, 만약 절을 짓밟거나 소란을 피우는 자는 법에 의해서 처벌할 것임을 밝히고 있다.

조선 초기에는 교종에 속하였으며, 임진왜란의 병화로 소진된 것을 사명(四溟)이 중건하였다. 그 뒤 화재로 인하여 대웅전을 비롯한 육당(六堂)과 요사(療舍)가 전소되었으나, 1764년(영조 40년)에 현감 윤심협(尹心挾)이 대웅전과 동·서 요사채, 만세루(萬歲樓) 등을 중건하였으며, 1930년경의 중수를 거쳐 오늘에 이르고 있다.

현존하는 당우로는 보광전(普光殿)을 비롯하여 칠성각·요사채 등이 있다. 이 중 보광전은 정면 3칸 측면 2칸의 맞배지붕으로 전각 안에는 비로자나불과 좌우보처보살, 목조지장보살상이 봉안되어 있다.

이 절의 문화재로는 석가여래사리탑이라고 전해지는 다층석탑 1기가 있다. 경상북도 유형문화재 제117호로 지정된 이 탑은 일명 수마노석탑(水瑪瑙石塔), 빙언서석탑(氷焉瑞石塔)이라고도 한다.

大寂光殿 대적광전

大寂光殿

佛身普遍十方中
三世如來一切同
廣大願雲恒不盡
汪洋覺海渺難窮

佛身普遍十方中　　불신보변시방중
三世如來一切同　　삼세여래일체동
廣大願雲恒不盡　　광대원운항부진
汪洋覺海妙難窮　　왕양각해묘난궁

석문의범

부처님은 우주에 가득하시니
삼세(三世)의 모든 부처님 다르지 않네.
광대 무변(廣大無邊)한 원력(願力) 다함이 없어
넓고 넓은 깨달음의 세계(世界) 헤아릴 수 없네.

卍 삼세(三世)… 과거, 현재, 미래의 세계.
卍 여래(如來)… 불타를 말함. '위없는 높은 이'라고 하는 의미로 무상(無上)의 무상(無上), 곧 무상상(無上上)이라고도 한다.
卍 원(願)… 중생을 구제하려 하는 원하고 바라는 부처님의 마음.
卍 왕양(汪洋)… 넓고 넓은 바다.
卍 각해(覺海)… 깨달음의 바다.

地藏殿 지장전

地藏殿

佛身充滿於佛界

普觀一切眾生前

廣大願雲恒不盡

汪洋覺海妙難窮

佛身充滿於法界 불신충만어법계
普現一切衆生前 보현일체중생전
廣大願雲恒不盡 광대원운항부진
汪洋覺海妙難窮 왕양각해묘난궁

석문의범

부처님은 온 세상에 가득히 계시며
넓게 중생들 앞에 나타나시네.
광대 무변(廣大無邊)한 원력(願力) 다함이 없어
넓고 넓은 깨달음의 세계(世界) 헤아릴 수 없네.

卍 법계(法界) … 불법이 미치는 온 천지.
卍 보현(普現) … 모든 곳에 넓게 나타나다.
卍 원운(願雲) … 구름처럼 일어나는 많은 서원(誓願).
卍 왕양(汪洋) … 바다와 같이 넓고 넓은 상태.

마골산 동축사
魔骨山 東竺寺

마골산(魔骨山) 동축사(東竺寺) 전경

마골산(摩骨山) 동축사(東竺寺)

경상남도 울산시 동부동 마골산
대한불교 조계종 제15교구 본사인 통도사의 말사

573년(진흥왕 34년)에 창건하였으며,《삼국유사(三國遺事)》에 창건연대가 수록되어 있다.

인도의 아육왕(阿育王)은 석가삼존불을 주조하려다가 뜻을 이루지 못하자 황금 3만 푼과 황철(黃鐵) 5만7천 근을 배에 실어서 바다에 띄우고, "인연 있는 국토에 가서 장륙존상(丈六尊像)이 이루어지게 해 달라."고 축원하였다. 아울러 1불(佛)과 2보살의 모형도 함께 실어 보냈다. 이 배는 지금의 울산 태화지방인 사포(絲浦) 앞 바다에서 멈추었는데, 그 배에 실린 황금과 황철로는 황룡사(黃龍寺) 장륙존상을 만들었고, 모형의 불상은 사포의 동쪽에 있는 높고 깨끗한 땅을 택하여 절을 짓고 봉안하였는데, 그 절이 동축사(東竺寺)라고 한다.

뒤에 이 모형 불상도 황룡사로 옮겨 봉안하였다.

그 뒤 934년(경순왕 8년)에 중창하였고, 고려 정종 때 옥인(玉仁)이 중건하였으며, 1931년에 완성(翫性)이 중수하였다.

1975년에 주지 도암(道庵)이 시주를 얻어 모든 건물을 중수하고 범종각을 신축하였으며, 600관 무게의 범종을 봉안하여 오늘에 이르고 있다.

大雄寶殿 대웅보전(우측)

天上天下無如佛　　천상천하무여불
十方世界亦無比　　시방세계역무비
世間所有我盡見　　세간소유아진견
一切無有如佛者　　일체무유여불자

지도론(智度論)

천상 천하 어느 곳에도 부처님 같으신 분 없나니
시방 세계에도 비교할 이 없네.
세상에 있는 것 내가 다 보아도
부처님같이 귀하신 분 없네.

卍 시방세계(十方世界) … 사방 사우 상하를 통틀어서 말함.
卍 세간소유(世間所有) … 이 세상에 있는 모든 것들.
卍 불자(佛者) … 부처님.

大雄寶殿 대웅보전(정면)

大雄寶殿

言詮消息徧三千
因見明星云悟道
一坐不知經六年
世尊當入雪山中

世尊當入雪山中　　세존당입설산중
一坐不知經六年　　일좌부지경육년
因見明星云悟道　　인견명성운오도
言詮消息徧三千　　언전소식변삼천

부처님께서 설산(雪山)에 계실 적에
한 번 앉아 6년이 흘러감을 알지 못했네.
밝은 별을 보고 도를 깨달으시니
그 말씀 그 소식 삼천 세계에 가득하여라.

卍 세존(世尊)… 세계에서 가장 존귀하고 높은 이. 또 세간에서 존중되
　　　　　　　는 이란 뜻으로 석가모니 부처님을 말함.
卍 명성(明星)… 샛별.
卍 삼천(三千)… 삼천대천 세계(三千大千世界).

大雄寶殿 대웅보전(좌측)

塵墨劫前早成佛　　진묵겁전조성불
爲度群生現世間　　위도군생현세간
巍巍德相月輪滿　　외외덕상월륜만
於三界中作導師　　어삼계중작도사

석문의범

한없는 세월 전에 빨리도 성불하여
중생 제도 위해 세간에 나투셨네.
높고 높은 덕상 달과 같이 원만하여
이 삼계 모두를 이끌어 주시는 스승이 되시네.

卍 진묵겁(塵墨劫) … 과거 미래의 티끌처럼 많은 시간을 말함.
卍 월륜(月輪) … 둥근 달.
卍 삼계(三界) … 천계(天界), 지계(地界), 인계(人界)를 말함.
卍 도사(導師) … 이끌어 주는 스승, 즉 부처님과 보살님.

無量壽閣 무량수각

無量壽閣

阿彌陀佛在何方
着得心頭切莫忘
念到念窮無念處
六門常放紫金光
莫謂慈容難得見
不離祇園大道場

阿彌陀佛在何方	아미타불재하방
着得心頭切莫忘	착득심두절막망
念到念窮無念處	염도염궁무념처
六門常放紫金光	육문상방자금광
莫渭慈容難得見	막위자용난득견
不離祇園大道場	불리기원대도량

나옹(懶翁) 스님 자매

아미타불 어느 곳에 계실까?
마음에 간직하여 잊지 말 것이니
생각 생각 이어가다 생각조차 끊긴 곳에 이르면
육근(六根)의 문에서 성스러운 금빛 광명 찬란하게 나오네.
자비로운 모습 볼 수 없다 이르지 말게.
항상 기원정사 대 도량을 떠나지 않으시네.

卍 무념(無念) … 생각하는 대상의 상(相)을 초월한 진여의 본성을 관하
　　 여 마음까지도 여의는 것.
卍 육문(六門) … 육근(六根)의 문.

老谷小築 노곡소축

恒教赤子有慈航

永使居生離苦海

再來菩薩說家常

百戰蓋雄知佛法

善知識能調物情

大護法不見僧過

글씨 / 오제봉

大護法不見僧過	대호법불견승과
善知識能調物情	선지식능조물정
百戰英雄知佛法	백전영웅지불법
再來菩薩說家常	재래보살설가상
永使蒼生離苦海	영사창생리고해
恒敎赤子有慈航	항교적자유자항

큰 법 보지 못하면 스님을 지나치고
깨달은 사람 능히 물정을 잘 아네.
세상 경험 다 겪은 사람 부처님 법 잘 알고
보살이 다시 와 불가(佛家)의 도리 설법하여
길이 백성들을 고해의 고통에서 벗어나게 하려 하는데
항상 적자(赤子) 가르치듯 좋은 길로 인도하시네.

卍 호법(護法) … 불법(佛法)을 지키고 유지하는 것.
卍 선지식(善知識) … 불법의 바른 도리를 가르치는 사람. 깨달은 사람.
卍 백전영웅(百戰英雄) … 세상의 온갖 경험을 쌓은 사람. 백전노장.
卍 가상(家常) … 불가(佛家)의 법도(法度).
卍 창생(蒼生) … 세상의 모든 사람들.
卍 자항(慈航) … 부처님이 자비심으로 중생을 구하는 것을 항해에 비유한 말.

古聖殿 고성전

靈山昔日如來囑

威振江山度衆生

万里白雲青嶂裡

雲車鶴駕任閑情

```
靈山昔日如來屬      영산석일여래촉
威振江山度衆生      위진강산도중생
万里白雲青嶂裡      만리백운청장리
雲車鶴駕任閑情      운거학가임한정
```

석문의범

解

옛날 영산(靈山)에서 부처님의 위촉으로
이 강산의 중생 제도하기 위엄 떨치시는데
만리 뻗어 있는 흰 구름과 푸른 산봉우리 뒤에서
구름수레 타고 한가로이 지내시네.

註

 영산(靈山) … 영취산(靈鷲山)을 말함. 중인도 마갈다국 왕사성 부근
              에 있는 산. 부처님이 그 산에서 법화경을 설법하신 것
              으로 유명하다.
 운거(雲車) … 구름으로 만든 수레.
 학가(鶴駕) … 귀한 분이 행차하는 일. 원래는 왕세자가 대궐 밖에 나
              가는 일을 뜻함.

비봉산 수정사
飛鳳山 水淨寺

비봉산(飛鳳山) 수정사(水淨寺) 대광전

비봉산(飛鳳山) 수정사(水淨寺)

> 경북 의성군 금성면 수정동
> 대한불교 조계종 제16교구 본산인 고운사의 말사

이 절은 신라 신문왕 때 의상조사가 창건한 고찰이다. 깊은 골짜기 울창한 송림 사이에 수정같이 맑은 물이 흘러내리는 개울가에 자리잡고 있다.

절 터에는 대가람지(大伽藍址)가 있으며, 원형 그대로의 석탑이 보존되어 있다.

원래의 수정사는 현재의 위치보다 아래쪽에 있었는데, 화재로 선원(仙院), 불경(佛經) 등이 타버리자 구택선사(九澤禪師)가 현 위치로 이건(移建)했다.

인근 주민들과 여기를 찾는 신도들은 이 절의 일부를 창건 당시의 것이라고 믿고 있는 듯하다.

현존하는 건물은 대웅전(大雄殿), 영월루(迎月樓), 선원(禪院), 사명영당(四溟影堂), 승방(僧房) 등이다.

이 절에는 벽화가 인상적이다.

大光殿 대광전

圓覺山中生一樹

開花天地未分前

塵墨劫前早成佛

爲度衆生現世間

巍巍德相月輪滿

於三界中作導師

圓覺山中生一樹　　　원각산중생일수
開花天地未分前　　　개화천지미분전
塵墨劫前早成佛　　　진묵겁전조성불
爲度眾生現世間　　　위도중생현세간
巍巍德相月輪滿　　　외외덕상월륜만
於三界中作導師　　　어삼계중작도사

자장율사 불탑게(佛塔偈)

원각산(圓覺山) 속에 나무 한 그루 있어
천지창조 이전에 이미 꽃이 피어 있었다네.
한량없이 오랜 세월 이전에 이미 성불하여
중생 구제하려 세간에 나타나시니
높고 높은 덕상(德相) 둥근 달 같이 원만하고
삼계에서 중생 제도하시는 좋은 스승이시라.

卍 원각(圓覺) … 석가여래의 원만한 깨달음. 곧 조금도 결함이 없는 우
　　　　　주의 신령스러운 깨침.
卍 진묵겁(塵墨劫) … 티끌이 쌓여 먹이 되는 데 걸리는 많은 시간.
卍 도사(導師) … 이끌어 주는 스승, 즉 부처님과 보살님.

신 어 산   동 림 사
神魚山 東林寺

신어산(神魚山) 동림사(東林寺) 대원보전

신어산(神魚山) 동림사(東林寺)

> 경남 김해시 삼방동 산 120-1
> 대한불교 조계종 제14교구 본산인 범어사의 말사

이 절의 뿌리는 실로 2천 년을 거슬러 올라간다.

전설에 의하면 신라 김수로왕(金首露王) 때 인도 아유타왕의 한 왕자가 출가(出家)한 다음, 그의 누이동생을 데리고 먼 바다의 험한 파도를 넘어 신라의 해변 김해(金海)에 다다랐다. 인도에서 고승(高僧)이 왔다는 소문을 들은 김수로왕은 몸소 해변에 나가 멀리 인도에서 온 왕자와 그의 누이를 환영했다.

실로 우리의 문화와 인도의 문화는 그때부터 활발한 교류를 하게 되었고, 우리말 속에도 인도 말이 많이 섞여 있고, 인도 말 속에도 잘 살펴보면 우리말이 많이 들어 있다고 한다. 예를 들면 우리말의 '아비'가 인도 말로는 '아부', '어미'가 '어무'라 한다.

신라에 온 인도의 왕녀는 김수로왕의 아내가 되어 그 사이에 10남매를 나았는데, 그 가운데서 일곱 형제는 모두 출가해서 김해(金海) 부근 명승지에 자리를 잡고 열심히 불도(佛道)를 닦으며, 한 달에 한 번씩 동림사(東林寺)에 와서 고승들의 법을 듣고, 서로 익힌 것을 토론도 하였다고 한다. 그러다가 지리산으로 들어가 모두 성불(成佛)해서 칠불(七佛)이 되었다고 한다.

그 유서 깊은 장소에 화엄해(華嚴海) 스님이 옛 모습을 복원해서 조성한 절이 현재의 동림사(東林寺)이다. 울창한 산림 속에 자리잡은 이 절에 오면 옛 일이 생각나 마음은 스스로 숙연해진다.

寒山堂 한산당

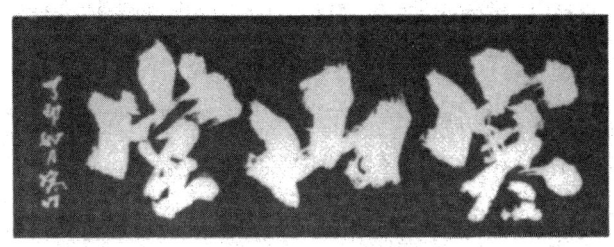

글씨 / 한산당

眞性甚深極微妙	진성심심극미묘
法性圓融無二相	법성원융무이상
諸法不動本來寂	제법부동본래적
無名無相絶一切	무명무상절일체
證智所知非餘境	증지소지비여경
義湘祖師法性偈	의상조사법성게

의상조사

참다운 성품은 깊고 깊어 지극히 미묘한 법이니라.
진리는 둥글고 오직 한 법이며, 둘 없는 모습이여
모든 법의 그 바탕은 움직임 없는 고요함이니
이름도 상(相)도 일체가 다 끊어졌네.
깨달아 증득해 알아야지 다른 법으로는 되지를 않네.
이렇게 의상조사는 법성게에서 말씀하셨네.

卍 진성(眞性) … 우주 만물의 참성품.
卍 미묘(微妙) … 불교의 진리, 교리의 심오함, 그런 것들을 깨닫는 지혜의 뛰어남을 형용하는 말.
卍 원융(圓融) … 모든 법의 사리가 구별 없이 널리 융통하여 하나가 되다. 걸리고 편벽됨이 없이 가득하고 만족한 것.
卍 무상(無相) … 무상 개공(無相皆空)의 준말. 모든 사물은 공이어서 일정한 형상이 없다는 것.

大願寶殿 대원보전

大願本尊地藏菩薩

居歡喜國南方化主

末世衆生我力盡度

女等救化而白佛言

現無邊身廣齊群迷

大悲為本除陽之丹

大悲爲本陰陽之界	대비위본음양지계
現無邊身廣濟群迷	현무변신광제군미
世尊收化而白佛言	세존수화이백불언
末世衆生我乃盡度	말세중생아내진도
居歡喜國南方化主	거환희국남방화주
大願本尊地藏菩薩	대원본존지장보살

대 자비는 본래 음양 세계를 위한 것이니
가없는 몸을 나투시어 널리 미혹한 중생 구제하시네.
세존께서 거두고 교화하니 부처님께 말씀하되
말세의 중생은 내가 다 남김없이 제도하여
남방 화주를 모두 환희국에 살게 하려 하니
이것이 바로 지장보살의 크신 원이로다.

卍 음양지계(陰陽之界) … 음양이 엇가리는 세계. 미혹의 세계.
卍 환희국(歡喜國) … 극락 세계의 일부.

拈華室 염화실

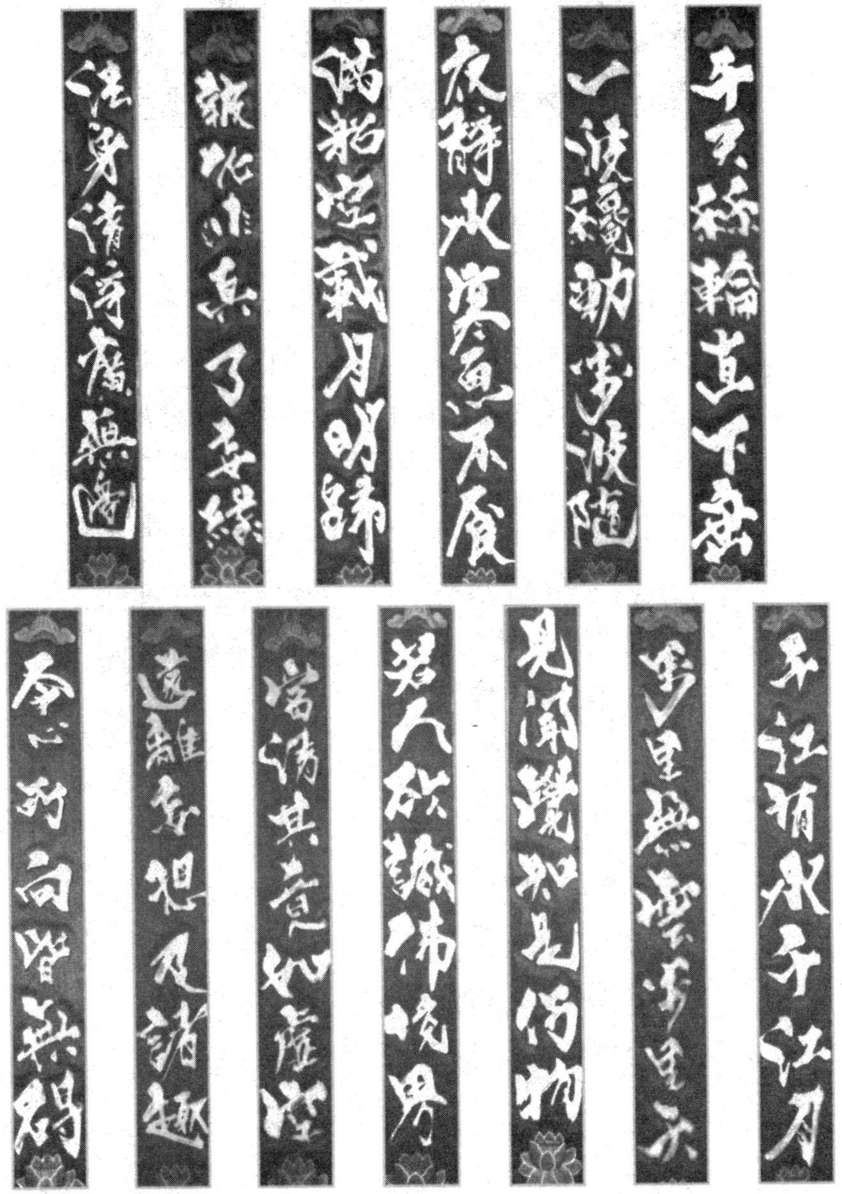

千尺絲輪直下垂　　천척사륜직하수
一波纔動萬波隨　　일파재동만파수
夜靜水寒魚不食　　야정수한어불식
滿船空載月明歸　　만선공재월명귀

報化非眞了妄緣　　보화비진료망연
法身淸淨廣無邊　　법신청정광무변
千江有水千江月　　천강유수천강월
萬里無雲萬里天　　만리무운만리천

見聞覺知是仍物　　견문각지시잉물
若人欲識佛境界　　약인욕식불경계
當淸其意如虛空　　당청기의여허공
遠離妄想及諸趣　　원리망상급제취
本心所向皆無碍　　본심소향개무애

천 길의 낚싯줄 곧게 드리우니
파도 하나 일어나자 온갖 파도 따라 이네.
밤은 고요하고 물은 차 와 고기 물지 않는지라
부질없이 배 가득 달빛 싣고 돌아오네.

보신과 화신은 마침내 허망한 인연이요
법신은 청정하여 광대 무변한지라
천 개의 강에 물이 있으니 달 그림자도 천 개요
만 리 하늘에 구름이 없으니 만 리가 한 하늘이로다.

보고 듣고 깨달아 아는 것은 다 사물에 의한 것이니
만일에 부처님의 경계를 알고자 한다면
마땅히 그 마음을 허공과 같이 할 것이며
망상과 모든 악업(惡業) 멀리 떠나 보낸다면
본심(本心)이 향하는 곳 모두 걸림이 없으리라.

卍 일파재동만파수(一波纔動萬波隨) … 한 생각 일어나자 온갖 망상 따라서 일어난다는 뜻.
卍 보화(報化) … 보신불(報身佛)과 화신불(化身佛).
卍 법신(法身) … 법신불(法身佛).
卍 제취(諸趣) … 모든 악업.
卍 무애(無碍) … 거리낌이 없다.

千地藏殿 천지장전

利益人天興善事
見河瞻禮入空門
恒河沙劫說難盡
地藏大聖威神力

地藏大聖威神力　　지장대성위신력
恒河沙劫說難盡　　항하사겁설난진
見聞瞻禮一念間　　견문첨례일념간
利益人天無量事　　이익인천무량사

지장경

지장보살님의 크나큰 위신력이여!
억 겁을 두고 설명해도 다 말하기 어렵도다.
잠깐만 보고 듣고 예배만 하여도
인천(人天)에 이익된 일 무한히 많아라.

卍 지장대성(地藏大聖) … 지장보살을 높이는 말.
卍 항하사(恒河沙) … 한량없이 많은 수.
卍 겁(劫) … 무한히 긴 시간의 단위.
卍 일념(一念) … 아주 짧은 시간.

주 산 관 음 사
主山 觀音寺

주산(主山) 관음사(觀音寺) 관음전

주산(主山) 관음사(觀音寺)

경북 고령군 고령읍 연조동
대한불교 조계종 제9교구 본산인 동화사 말사

　이 절은 지은 역사가 짧은 새 절이며, 1911년 보담(寶潭) 스님이 창건하였다. 고령읍 중심에서 가까운 곳에 있으면서도 아늑하고 그윽한 분위기는 이 절을 찾는 사람들의 마음을 편안히 해 준다.
　도심에서 가까워 포교하기 좋은 절이며, 창건 당시 해인사(海印寺)의 말사(末寺)로 포교당(布敎堂) 역할을 하기 위해 창건한 것으로 보인다.
　이 절에 부속된 유치원은 어린이들 마음에 불연(佛緣)을 심어주는 좋은 교육장이며, 한국 불교가 발전하기 위해서는 가장 시급하고 중요한 과제 중의 하나가 어린이 포교에 있다고 보아, 전 주지스님들이 유치원을 개설한 것으로 본다.
　깨끗하고 잘 정돈된 경내는 주위의 울창한 나무와 함께 마음을 맑게 해 준다.

觀音殿 관음전

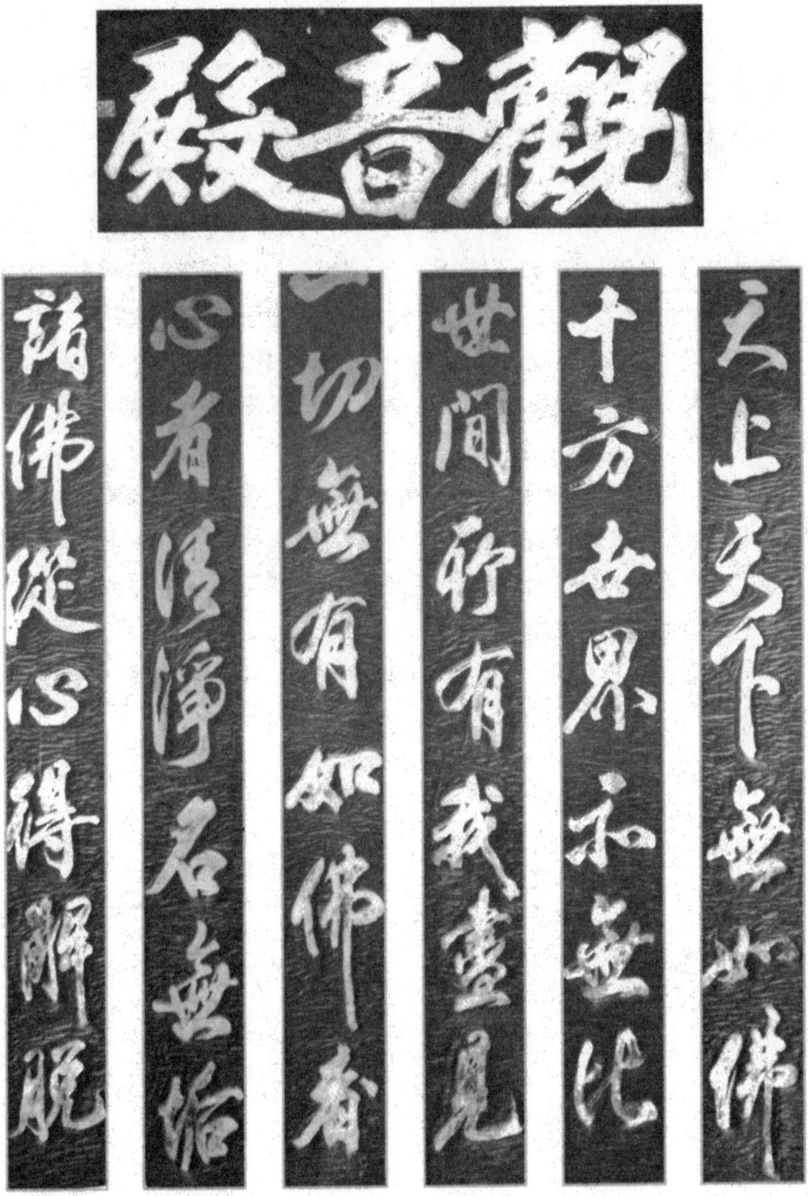

天上天下無如佛
十方世界亦無比
世間所有我盡見
一切無有如佛者
心若淸淨名無垢
諸佛從心得解脫

```
天上天下無如佛        천상천하무여불
十方世界亦無比        시방세계역무비
世間所有我盡見        세간소유아진견
一切無有如佛者        일체무유여불자
心者淸淨名無垢        심자청정명무구
諸佛從心得解脫        제불종심득해탈
```

지도론(智度論)

解

천상 천하 어느 곳에도 부처님 같으신 분 없나니
시방 세계에도 비교할 이 없네.
세상에 있는 것 내가 다 보아도
부처님같이 귀하신 분 없네.
마음이 청정한 것을 일컬어 무구(無垢)라 하고
모든 부처님을 따르는 마음을 일컬어 해탈이라 하네.

註

卍 시방세계(十方世界) … 사방 사우 상하를 통틀어서 말함.
卍 세간소유(世間所有) … 이 세상에 있는 모든 것들.
卍 불자(佛者) … 부처님.
卍 무구(無垢) … 무루(無漏)라고도 함. 번뇌와 더러움 없이 청정한 것. 여래를 지칭하는 경우도 있다.
卍 해탈(解脫) … 번뇌의 속박에서 풀려 미혹의 고에서 벗어 나오는 것.

千佛殿 천불전

佛在靈山莫遠求	불재영산막원구
靈山只在汝心頭	영산지재여심두
森羅萬象是法身	삼라만상시법신
眞佛而半月三星	진불이반월삼성

부처님은 영산(靈山)에 계시니 멀리서 찾지 말게.
영산(靈山)은 오직 그대 마음속에 있다네.
삼라 만상이 모두 부처님의 법신(法身)이며
진실한 부처님은 반달이요 새 별이라네.

卍 영산(靈山)… 영취산(靈鷲山)을 말함. 중인도 마갈다국 왕사성 부근
　　　　　　　에 있는 산. 부처님이 그 산에서 법화경을 설법하신 것
　　　　　　　으로 유명하다.
卍 심두(心頭)… 생각하고 있는 마음.
卍 법신(法身)… 삼신의 하나. 불법을 완전히 깨달은 부처의 몸. 진리 그
　　　　　　　자체를 몸으로 하는 부처님.

만 어 산　만 어 사
萬魚山 萬魚寺

♦
♦
♦

만어산(萬魚山) 만어사(萬魚寺) 대웅전

만어산(萬魚山) 만어사(萬魚寺)

경상남도 밀양군 삼랑진읍 용전리
대한불교 조계종 제17교구 본사인 통도사의 말사

이 절은 46년(수로왕 5년)에 수로왕이 창건하였다는 전설이 전한다. 수로왕 때 가락국의 옥지(玉池)에서 살고 있던 독룡(毒龍)과 만어산에 살던 나찰녀(羅刹女)가 서로 사귀면서 뇌우(雷雨)와 우박을 내려 4년 동안 오곡이 결실을 맺지 못하게 하였다. 수로왕은 주술(呪術)로써 이 일을 금하려 하였으나 불가능하였으므로, 예를 갖추고 인도 쪽을 향하여 부처를 청하였다.

부처님이 신통으로 왕의 뜻을 알고 6비구와 1만의 천인(天人)들을 데리고 와서 독룡(毒龍)과 나찰녀의 항복을 받고 설법수계(說法授戒)하여 모든 재앙을 물리쳤는데, 이를 기리기 위해서 수로왕이 절을 창건하였다고 한다.

▲ 만어사 미륵바위(용왕 아들의 변신이라 함)

▲ 고기가 변해서 되었다는 수많은 돌들

또 다른 전설로는 옛날 동해 용왕의 아들이 수명이 다한 것을 알고 낙동강 건너에 있는 무척산(無隻山)의 신승(神僧)을 찾아가서 새로 살 곳을 마련해 줄 것을 부탁하였다. 신승은 가다가 멈추는 곳이 인연 터라고 일러주었다. 왕자가 길을 떠나니 수많은 종류의 고기떼가 그의 뒤를 따랐는데, 머물러 쉰 곳이 이 절이었다. 그 뒤 용왕의 아들은 큰 미륵돌로 변하였고, 수많은 고기들은 크고 작은 화석으로 굳어져 버렸다고 한다.

현재 절의 미륵전(彌勒殿) 안에는 높이 5m 정도의 뾰족한 자연석이 있는데, 이것이 바로 용왕의 아들이 변해서 된 미륵바위라고 하며, 이 미륵바위에 기원하면 아기를 낳지 못한 여인이 득남을 할 수 있다고 한다. 미륵전 아래에는 무수히 많은 돌더미가 첩첩이 깔려 있는데, 이것은 고기들이 변해서 된 만어석(萬魚石)이라 하며, 두들기면 맑은 쇳소리가 나기 때문에 종석(鐘石)이라고도 한다.

창건 이후 신라시대에는 왕들이 불공을 올리는 장소로 이용되었고, 1180년(명종 10년)에 중창하였으며, 1879년(고종 16년)에 중건하여 오늘에 이르고 있다.

彌勒殿 미륵전

彌勒殿

高居兜率許誰攀

遠嗣龍華遭遇難

白玉毫光輝玄法界

紫金儀相化塵寰

> 高居兜率許躋攀　고거두솔허제반
> 遠嗣龍華遭遇難　원사용화조우난
> 白玉毫輝玄法界　백옥호휘현법계
> 紫金儀相化塵罛　자금의상화진경

解

높이 도솔천에 계시며 중생 오르는 것 허락하시고
멀리 용화 세계 이어받으니 만나기 어렵도다.
밝은 옥호광(玉毫光) 온 법계에 넓게 비추고
화려한 형상 티끌같이 변하는 것을 놀라며 바라보네.

註

卍 두솔(兜率) … 두솔천(兜率天).
卍 제반(躋攀) … 올라가다, 무엇을 잡고 기어오르다.
卍 조우난(遭遇難) … 만나기 어렵다.
卍 자금(紫金) … 자금광(紫金光)의 준말. 황금색 금빛보다 더 아름다운 빛이라는 데서 자금광이라고 함.
卍 의상(儀相) … 모습 또는 형태, 외부에 드러나는 것.
卍 경(罛) … 놀라는 눈으로 바라본다.

三聖閣 삼성각

雲車鶴駕任閑情

萬里白雲青嶂裡

咸鎭江山度衆生

雲山昔日如來屬

靈山昔日如來囑　　영산석일여래촉
威鎭江山度衆生　　위진강산도중생
萬里白雲靑嶂裡　　만리백운청장리
雲車鶴駕任閑情　　운거학가임한정

석문의범

옛날 영산(靈山)에서 부처님의 위촉으로
이 강산의 중생 제도하기 위엄 떨치시는데
만리 뻗어 있는 흰 구름과 푸른 산봉우리 뒤에서
구름수레 타고 한가로이 지내시네.

卍 영산(靈山) … 영취산(靈鷲山)을 말함. 중인도 마갈다국 왕사성 부근
　　　　　　에 있는 산. 부처님이 그 산에서 법화경을 설법하신 것
　　　　　　으로 유명하다.
卍 운거(雲車) … 구름으로 만든 수레.
卍 학가(鶴駕) … 귀한 분이 행차하는 일. 원래는 왕세자가 대궐 밖에 나
　　　　　　가는 일을 뜻함.

神魚山 銀河寺
신어산 은하사

◆
◆
◆

신어산(神魚山) 은하사(銀河寺) 전경

신어산(神魚山) 은하사(銀河寺)

경상남도 김해시 삼방동
대한불교 조계종 제14교구 본사인 범어사의 말사

서림사(西林寺)라고도 한다. 이 절은 가락국의 김수로왕 때 장유화상(長遊和尙)이 창건하였다고 하며, 임진왜란 때 불타 버린 것을 1600년대에 중창하여 오늘에 이르고 있다. 절 이름은 처음에 산 이름과 관련시켜서 은하사(銀河寺)라고 하였는데, 최근에 장유화상이 인도로부터 와서 가야에 불교를 전파한 것을 기념하기 위해서 서림사(西林寺)로 바꾸었다고 하는데, 그 뒤 다시 이름을 고쳐 현재에는 은하사(銀河寺)라고 부르는 사람이 많다.

현존하는 당우로는 서림사(西林寺)라는 편액이 붙어 있는 누각인 화운루(華雲樓)를 들어서면 경상남도 유형문화재 제237호로 지정된 대웅전이 있다. 이 대웅전을 중심으로 왼쪽에는 설선당(說禪堂)이 있고 오른쪽에는 명부전(冥府殿)과 종각(鐘閣)이 있다. 또 대웅전 뒤의 왼쪽에는 응진전(應眞殿)과 2동의 요사채가 있고 오른쪽에는 산신각(山神閣)이 있으며, 절 오른쪽 아래에는 현대식으로 지은 객사가 있다.

대웅전은 조선 중기 이후의 건물로서 다포집 계통의 맞배지붕 건물이다. 특기할 만한 문화재는 없으나 대웅전 앞에는 높이 5m 정도의 5층석탑이 있고 응진전 앞에는 3층석탑이 있으나 모두 오래된 것은 아니다. 또 절 밑에는 신어산(神魚山)이라는 산명과 연관된 연못이 있다.

三聖閣 삼성각

言詮消息遍三千
因見明星云悟道
一坐不知經六年
卋尊當入雪山中

```
世尊當入雪山中    세존당입설산중
一坐不知經六年    일좌부지경육년
因見明星云悟道    인견명성운오도
言詮消息遍三千    언전소식변삼천
```

부처님께서 설산(雪山)에 계실 적에
한 번 앉아 6년이 흘러감을 알지 못했네.
밝은 별을 보고 도를 깨달으시니
그 말씀 그 소식 삼천 세계에 가득하여라.

卍 세존(世尊) … 석가모니 부처님.
卍 육년(六年) … 부처님이 도를 구하기 위해 수도하신 6년.
卍 삼천(三千) … 삼천대천 세계. 온 천지.

應眞殿 응진전

 古聖興赴化七星

 緣赴感應如月印

 人間等福各司命

 空界倍還濟含情

古聖與悲作七星	고성여비작칠성
緣赴感應如月印	연부감응여월인
人間壽福各司命	인간수복각사명
空界循環濟有情	공계순환제유정

석문의범

解

옛 성인이 자비심으로 칠성이 되니
인연 따라 감응한데, 천강(千江)에 달 비추듯
인간의 목숨과 복을 각각 관장하시며
허공계에 돌고 도며 중생들 제도(濟度)하도다.

註

 고성(古聖) … 옛 성인.
卍 비(悲) … 자비심.
卍 칠성(七星) … 칠성성군(七星星君)의 준말.
卍 감(感) … 감응.
卍 월인(月印) … 월인천강(月印千江)의 준말.
卍 사명(司命) … 맞이하여 관장하다.
卍 공계(空界) … 허공계.
卍 유정(有情) … 마음이 있는 생물, 즉 중생.

선방산 지보사
禪房山 持寶寺

∴

선방산(禪房山) 지보사(持寶寺) 대웅전

선방산(禪房山) 지보사(持寶寺)

경상북도 군위군 군위읍 상곡리
대한불교 조계종 제10교구 본사인 은해사의 말사

673년(문무왕 13년) 의상(義湘)이 창건하였으며, 창건 당시부터 맷돌·가마솥·청동 향로 등 세 가지 보물을 지니고 있었다 하여 지보사(持寶寺)라 불렀다.

그러나 창건 이후 근대까지의 역사는 전하지 않는다. 1942년에는 천오(天梧)와 동허(東虛)가 중수하였고, 1972년에는 만오(晩悟)가 중수하여 오늘에 이르고 있다.

현존하는 당우로는 정면 3칸, 측면 2칸의 맞배지붕인 대웅전과 2층 누각, 요사채가 있으며, 문화재로는 통일신라시대의 작품으로 추정되는 보물 제682호인 지보사 3층석탑이 있다. 이 탑의 하대 면석에는 각 면마다 두 마리의 사자가 조각되어 있고, 상대 면석에는 빼어난 팔부신중(八部神衆)이 조각되어 있다.

▲ 3층석탑의 팔부신중 조상

大雄殿 대웅전

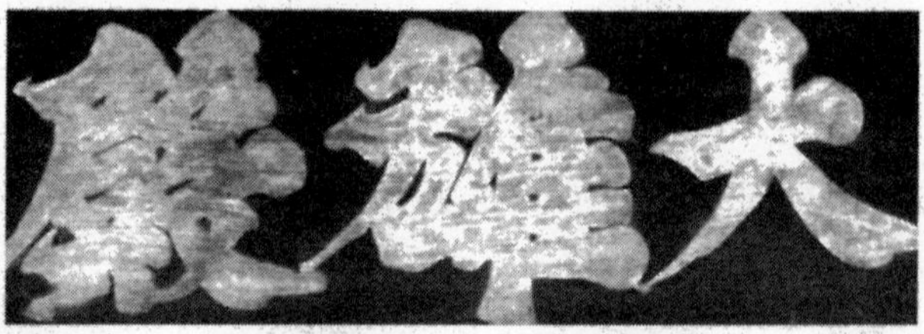

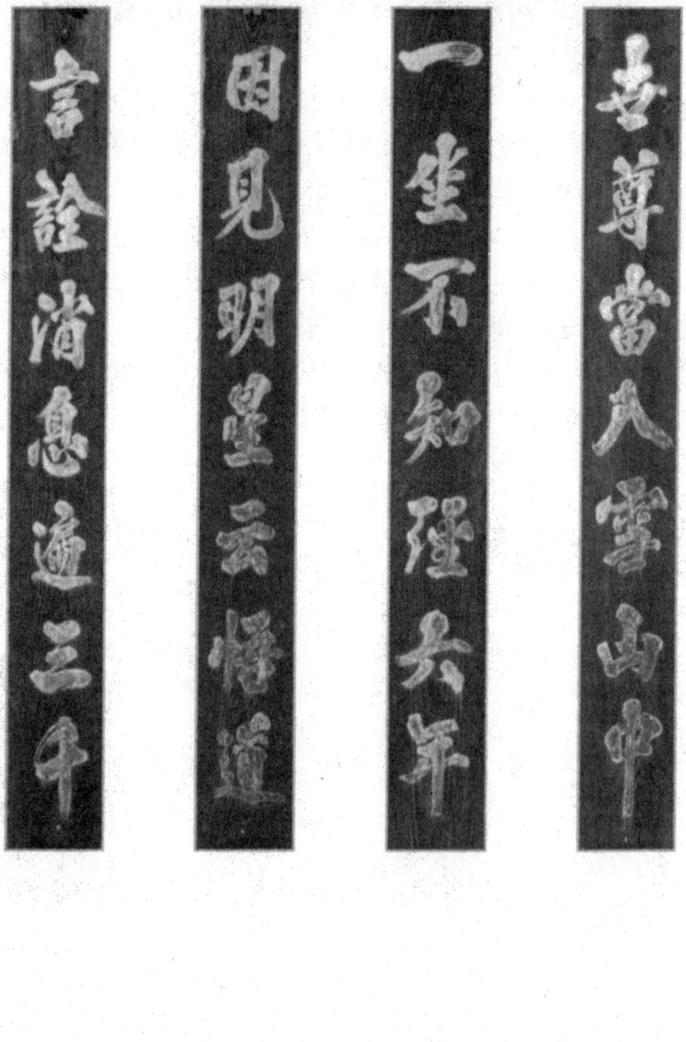

一坐不知經六年

因見明星云悟道

言詮消息遍三千

世尊當入雪山中

世尊當入雪山中　　세존당입설산중
一坐不知經六年　　일좌부지경육년
因見明星云悟道　　인견명성운오도
言詮消息遍三千　　언전소식변삼천

부처님께서 설산(雪山)에 계실 적에
한 번 앉아 6년이 흘러감을 알지 못했네.
밝은 별을 보고 도를 깨달으시니
그 말씀 그 소식 삼천 세계에 가득하여라.

卍 세존(世尊)… 세계에서 가장 존귀하고 높은 이. 또 세간에서 존중되는 이란 뜻으로 석가모니 부처님을 말함.
卍 명성(明星)… 샛별.
卍 삼천(三千)… 삼천대천 세계(三千大千世界).

비슬산 유가사
琵瑟山 瑜伽寺

비슬산(琵瑟山) 유가사(瑜伽寺) 대웅전

비슬산(琵瑟山) 유가사(瑜伽寺)

경상북도 달성군 유가면 양리
대한불교 조계종 제9교구 본사인 동화사의 말사

827년(흥덕왕 2년) 도성(道成)이 창건하였고, 889년(진성여왕 3년) 원잠(垣岑)이 중창하였다. 1047년(문종 1년)에 학변(學卞)이 중수하였으며, 1452년(문종 2년)에 일행(逸行)이 중수하였다.

전성기에는 3,000여 명의 승려들이 머물렀으나, 임진왜란의 전화로 사찰이 소실되었다. 그 뒤 1682년(숙종 8년)에 도경화상(道瓊和尙)이 대웅전을 보수하였으며, 다시 낙암(洛巖)이 중수하여 오늘에 이르고 있다. 현존하는 당우로는 대웅전을 비롯하여 용화전(龍華殿), 산령각(山靈閣), 범종루(梵鐘樓), 천왕문(天王門), 백화당(白華堂), 동산실(東山室) 등이 있다.

문화재로는 괘불(掛佛), 3층석탑, 15기의 부도 등이 있다. 이 중 괘불은 주변의 마을 주민들이 가뭄이나 질병, 적군의 침입 등으로 어려움을 당할 때마다 봉안하고 소원을 빌었다고 한다. 특히, 가뭄이 심할 때에는 괘불에 소원을 빌고 대견사 터에서 기우제를 지내면 반드시 비가 내렸다고 한다.

大雄殿 대웅전

言詮消息遍三千

圓見明星云悟道

一坐不知經六年

世尊當入雪山中

世尊當入雪山中　　세존당입설산중
一坐不知經六年　　일좌부지경육년
因見明星云悟道　　인견명성운오도
言詮消息遍三千　　언전소식변삼천

부처님께서 설산(雪山)에 계실 적에
한 번 앉아 6년이 흘러감을 알지 못했네.
밝은 별을 보고 도를 깨달으시니
그 말씀 그 소식 삼천 세계에 가득하여라.

卍 세존(世尊) … 세계에서 가장 존귀하고 높은 이, 또 세간에서 존중되는
　　　　　　　　 이란 뜻으로 석가모니 부처님을 말함.
卍 명성(明星) … 샛별.
卍 삼천(三千) … 삼천대천 세계(三千大千世界).

 **梵鐘樓** 범종루

願此鍾聲遍法界　원차종성변법계
鐵圍幽暗悉皆明　철위유암실개명
三途離苦破刀山　삼도이고파도산
一切衆生成正覺　일체중생성정각

종송(鐘頌)

解

원컨대 이 종소리 모든 법계에 두루 퍼지소서.
철위 지옥(鐵圍地獄)의 모든 어둠도 다 밝아지소서.
삼도(三途)와 도산 지옥(刀山地獄)의 고통에서 여의고
모든 중생을 바로 깨닫게 하여 주소서.

註

卍 철위(鐵圍) … 철위산(鐵圍山), 이 우주 가장 바깥쪽에 있는 산으로 모두가 쇠로 되어 있다고 함.
卍 삼도(三途) … 지옥(地獄), 아귀(餓鬼), 축생(畜生)을 말한다.
卍 도산(刀山) … 도산 지옥(刀山地獄). 10지옥의 하나, 곧 칼이 솟아 있는 산을 밟고 가는 고통을 겪는 지옥.

解 說

 이 게송은 종을 치는 스님의 마음을 나타낸 글이다. 스님은 종을 칠 때마다 이렇게 소원한다. "이 종소리처럼 부처님의 말씀이 온 세상에 두루 퍼지고, 그 소리를 듣는 모든 중생은 바른 깨달음을 얻을 것이며, 지옥의 중생까지도 고통에서 벗어나게 해 주십시오."라고.

羅漢殿 나한전

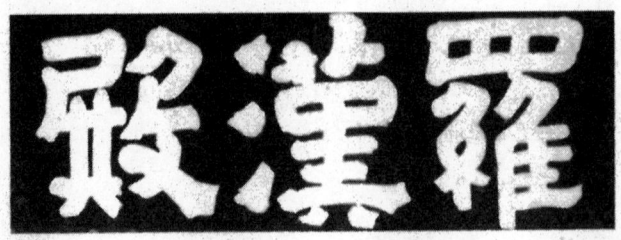

無邊无量圓法珠之三昧　　무변무량원법주지삼매
盡雪牛於上乘十六羅漢　　진설우어상승십육라한
正等正覺妙雜華之一宗　　정등정각묘잡화지일종
湧火蓮於法界一切如來　　용화연어법계일체여래

무량 무변한 원만한 법은 오묘한 삼매요
눈이 녹으니 소 등 위에 16나한 타고 있네.
정등과 정각은 오묘한 화엄경의 일종이요
법계에 불꽃처럼 샘솟은 연꽃은 일체의 여래로다.

卍 원법(圓法) … 윤융 무애한 법.
卍 주(珠) … 실상의 오묘한 이치를 구슬에 비유한 말.
卍 잡화(雜華) … 잡화경(雜華經). 화엄경의 다른 이름.
卍 일종(一宗) … 한 종파.

팔공산 송림사
八公山 松林寺

•
•
•

팔공산(八公山) 송림사(松林寺) 대웅전

팔공산(八公山) 송림사(松林寺)

경상북도 칠곡군 동명면 구덕리 가산(架山)
대한불교 조계종 제9교구 본사인 동화사의 말사

544년(진흥왕 5년)에 진나라에서 귀국한 명관(明觀)이 중국에서 가져온 불사리(佛舍利)를 봉안하기 위해서 창건한 사찰이다. 그때 이 절에 호국안민(護國安民)을 위한 탑을 세웠다고 한다. 그 뒤 1092년(선종 9년)에 대각국사 의천(義天)이 중창하였으나, 1235년(고종 22년)에 몽고병에 의해 폐허화하였다.

그 뒤 다시 중창하였으나 1577년(선조 30년)에 왜병들의 방화로 소실되었다. 1858년(철종 9년) 영추(永樞)가 중창하여 오늘에 이르고 있다. 현존하는 당우로는 대웅전(大雄殿)을 비롯하여 명부전(冥府殿), 요사채 등이 있다.

대웅전 전방에는 보물 제189호로 지정된 5층전탑이 있다. 이 탑은 흔치 않은 신라시대의 전형적인 벽돌 탑으로서, 1959년 탑의 해체·수리 때에 매우 중요한 유품들이 출현되었다.

당시 탑 속에서는 신라시대의 유품으로 보이는 순금제 불감(佛龕)을 비롯하여, 옥으로 줄기를 만들고 금으로 잎을 만들어 붙인 보리수(菩提樹) 형태의 섬세한 공예품, 그리고 각종 구슬류와 함께 불사리 4과(顆)가 발견되었다.

大雄殿 대웅전

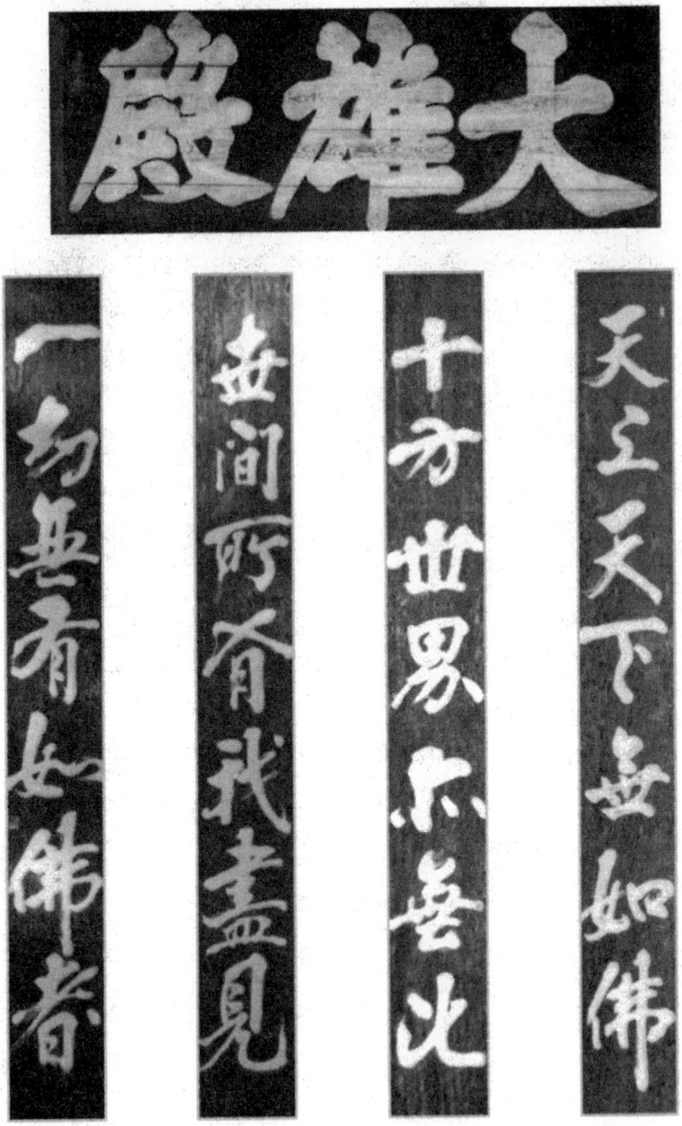
大雄殿
天上天下無如佛
十方世界亦無比
世間所有我盡見
一切無有如佛者

> 天上天下無如佛　　천상천하무여불
> 十方世界亦無比　　시방세계역무비
> 世間所有我盡見　　세간소유아진견
> 一切無有如佛者　　일체무유여불자

지도론(智度論)

천상 천하 어느 곳에도 부처님 같으신 분 없나니
시방 세계에도 비교할 이 없네.
세상에 있는 것 내가 다 보아도
부처님같이 귀하신 분 없네.

卍 시방세계(十方世界) … 사방, 사우, 상하를 통틀어서 말함.
卍 세간소유(世間所有) … 이 세상에 있는 모든 것들.
卍 불자(佛者) … 부처님.

無說殿 무설전

三界猶如汲井輪　　삼계유여급정륜
百千萬劫歷微塵　　백천만겁역미진
此身不向今生度　　차신불향금생도
更待何生度此身　　갱대하생도차신
極樂堂前滿月容　　극락당전만월용
玉毫金色照虛空　　옥호금색조허공

석문의범

삼계는 마치 우물의 두레박처럼 돌고 돌아
백천만 겁의 많은 세월을 지나가고 있으니
이제 이 몸 금생(今生)에서 제도 못하면
다시 어느 생을 기다려 제도(濟度)할 것인가?
극락당 앞에 만월과 같이 원만한 부처님 얼굴
옥호(玉毫)에서 나오는 밝은 빛 허공을 비추네.

卍 삼계(三界) … 중생이 생사에 유전(流轉)하는 미혹(迷惑)의 세계. 전생과 현세 그리고 내세.
卍 급정륜(汲井輪) … 우물의 두레박.
卍 미진(微塵) … 물질의 아주 작은 것을 극미(極微)라 하고, 극미(極微)를 7배 한 것을 미진(微塵)이라 한다.
卍 도(度) … 제도(濟度).

禪說堂 선설당

竹影掃階塵不動 죽영소계진부동
月輪穿沼水無痕 월륜천소수무흔
智慧存於明者心 지혜존어명자심
如淸水在於深井 여청수재어심정
三日修心千載寶 삼일수심천재보
百季貪物一朝塵 백계탐물일조진

금강경, 오가해

대나무 그림자가 계단을 쓸어도 먼지는 그대로고
달빛이 연못을 뚫어도 물에 흔적이 남지 않네.
지혜는 밝은 사람 마음에 있는데, 마치
맑은 물이 깊은 샘에 있는 것과 같다네.
단 삼 일이라도 마음 닦으면 천 년이나 가는 보배요
백 년을 탐한 재물도 하루아침에 사라지는 티끌과 같네.

卍 명자(明者) … 지혜가 밝은 사람. 깨달은 사람.
卍 천재(千載) … 천 년.
卍 일조진(一朝塵) … 하루아침에 사라지는 먼지와 같은 것. 가치가 없는 것이라는 뜻.

山靈閣 산령각

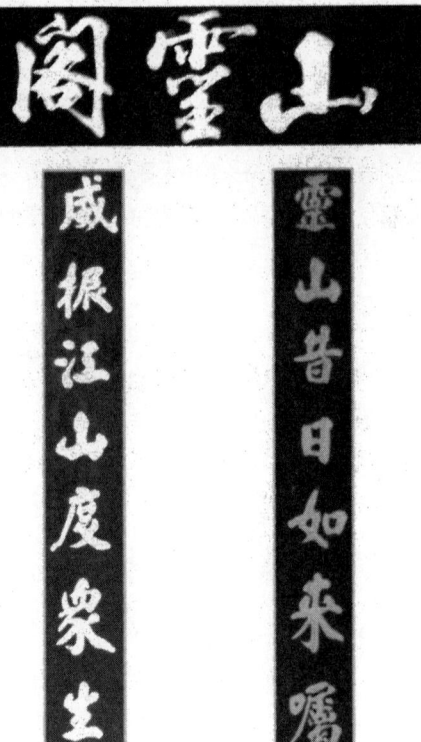

靈山昔日如來囑　　영산석일여래촉
威振江山度衆生　　위진강산도중생

옛날 영산(靈山)에서 부처님의 위촉으로
이 강산의 중생 제도하기 위엄 떨치셨네.

冥府殿 명부전

글/향화청(香花請), 글씨/해강(海岡)

掌上明珠一顆寒　장상명주일과한
自然隨色辨來端　자연수색변래단
幾回提起親分付　기회제기친분부
暗室兒孫向外看　암실아손향외간

손바닥 위 한 개의 밝고 영롱한 구슬
자연스럽게 색깔 따라 다가온 것 구별하네.
몇 차례나 친절히 전해 주었건만
어두운 방의 아이들은 밖을 향해 찾고 있네.

卍 명주(明珠)… 명월마니(明月摩尼)라고도 함. 보주(寶珠)의 빛이 밝은 달과 같으므로 이같이 말함.
卍 일과(一顆)… 한 알.
卍 암실(暗室)… 어두운 미혹의 세상.
卍 아손(兒孫)… 중생(衆生).

三聖閣 삼성각

松巖隱跡經千劫　　송암은적경천겁
生界潛形入四維　　생계잠형입사유
隨緣赴感澄潭月　　수연부감징담월
空界循環濟有情　　공계순환제유정

解

소나무와 바위에 자취 감추어 천 겁(千劫)을 지내고
중생계에 모습 감추고 사방으로 왕래하네.
인연 따라 감응함은 맑은 못에 달 비치듯
허공계(虛空界) 순환하며 중생을 제도하네.

註

卍 삼성각(三聖閣) … 산신·칠성·독성님을 모신 사찰의 당우.
卍 생계(生界) … 중생의 세계.
卍 사유(四維) … 천지의 네 구석, 즉 온 천지. 건곤간손(乾坤艮巽)의 네 방향.
卍 감(感) … 감응(感應).
卍 제(濟) … 제도(濟度).
卍 유정(有情) … 중생, 즉 마음을 갖고 살아 있는 사람들.

용 두 산   용 수 사
龍頭山 龍壽寺

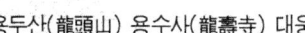

용두산(龍頭山) 용수사(龍壽寺) 대웅전

용두산(龍頭山) 용수사(龍壽寺)

경북 안동시 도산면 운곡리
대한불교 조계종 제15교구 본산 통도사의 말사

사기에 의하면 용수사를 창건하게 된 동기는 늘 외침이 잦은 것을 염려한 의종(毅宗)이 외침을 능히 물리칠 수 있는 훌륭한 인재가 이 땅에 많이 나기를 기원하는 뜻으로, 풍수지리학에 밝은 사람을 시켜 전국에 두루 명산을 찾아 절을 짓게 하였는데, 그 절 중의 하나가 바로 이 용두산 용수사였다.

지리학상으로 용두산(龍頭山)은 소백산의 정기를 그대로 이어받은 안동(安東)의 주산(主山)이다. 그래서 용두산 중턱에 절을 지으면 지기(地氣)가 충만하고 음양이 화합하여, 틀림없이 국가가 필요로 하는 훌륭한 인재가 많이 나게 되리라고 하였다.

그래서 그런지 용수사(龍壽寺)를 지은 이후, 안동을 비롯하여 영남지방에서 많은 인재가 나왔다. 또한 조선시대 500년을 통하여 민비(閔妃)를 비롯, 여러 분의 왕비가 안동에서 나왔다.

그런데 배불정책으로 사찰이 퇴락하자 퇴계 선생이 이 절에 서원을 개설하니 용수사는 폐사가 되고 말았다. 그 뒤 6·25 사변으로 사원으로 사용하던 사지(寺趾)마저 완전히 소실되어 없어졌는데, 이를 원행(願行) 스님의 원력으로 그 자리에 다시 복원하여 옛 모습을 찾아가고 있다.

▲ 용수사의 장엄한 주불

大雄殿 대웅전

佛身普遍十方中	불신보변시방중
三世如來一切同	삼세여래일체동
廣大願雲恒不盡	광대원운항부진
汪洋覺海妙難窮	왕양각해묘난궁

석문의범

解

부처님은 우주에 가득하시니
삼세(三世)의 모든 부처님 다르지 않네.
광대 무변(廣大無邊)한 원력(願力) 다함이 없어
넓고 넓은 깨달음의 세계(世界) 헤아릴 수 없네.

註

卍 삼세(三世) … 과거, 현재, 미래의 세계.
卍 여래(如來) … 불타를 말함. 위없는 높은 이라고 하는 의미로 무상(無上)의 무상(無上), 곧 무상상(無上上)이라고도 한다.
卍 원(願) … 중생을 구제하려 하는 원하고 바라는 부처님의 마음.
卍 왕양(汪洋) … 넓고 넓은 바다.
卍 각해(覺海) … 깨달음의 바다.

▲ 용수사 입구에 있는 하마비

재약산 표충사
載藥山 表忠寺

재약산(載藥山) 표충사(表忠寺) 전경

재약산(載藥山) 표충사(表忠寺)

경상남도 밀양군 단장면 구천리
대한불교 조계종 제15교구 본사인 통도사의 말사

이 사찰은 임진왜란 때 승병(僧兵)을 일으켜 나라에 큰 공을 세운 사명대사의 충훈(忠勳)을 추모하기 위하여 세운 표충사당(表忠祠堂)이 있는 곳이다.

원래 이곳에는 원효대사가 신라 진덕여왕 8년(654년)에 창건한 죽림사(竹林寺)라는 절이 있었는데, 신라 흥덕왕 4년(829년) 인도의 고승 황면(黃面)대사가 석가여래의 진신사리를 받들고 동방에 봉안할 자리를 찾아오다가 재약산 남쪽에 오색 서운(瑞雲)이 감도는 것을 발견하고 3층석탑을 세워 사리를 모시고 절을 중창하여 절 이름을 영천사(靈泉寺)로 개칭하였다고 한다. 때마침 흥덕왕의 셋째 왕자가 나병에 걸려 전국의 명산 약수를 찾아 헤매다가 이 절에 이르러 영천(靈泉) 약수를 마시고 황면선사의 법력에 의해서 나병이 완치되었다고 한다. 왕자의 병이 치유되자 왕은 크게 신심을 일으켜 대가람을 이룩하였고, 절 이름도 영천사로 고쳐 부르고 산 이름도 재약산이라고 하였다.

고려 문종 때 당대의 고승 혜린(惠燐)선사가 이 절에서 수도하였고, 충렬왕 때에는 《삼국유사》의 저자인 일연(一然)선사가 또한 이 절에서 주석하면서 천여 명의 대중을 제도하고 불법을 크게 중흥하였다.

그리고 표충사(表忠寺)라는 이름은 사명대사를 제향(祭享)하는 사당을 당시 서원(書院)의 격으로 이름하여 '표충서원'이라 편액하고, 일반적으로 '표충사'라고 불렀는데, 이 사당을 사찰에서 수호하여 왔으므로 사(祠)가 사(寺)로 바뀐 것이다.

지금도 이 절에는 사명대사의 값진 유물 300여 점을 보관하고 있다.

三淸閣 삼청각

三淸閣

貞筠抽箭潤籟懷山

華茲浮雲浮池惠影涵

澤雨參傷心圖菩涸

貞筠抽箭潤璧懷山　정균추전윤벽회산
華落雲浮沈思泉湧　화락운부침사천용
澤雨無偏心田受潤　택우무편심전수윤

석문의범, 칠성청

곧은 대나무는 화살처럼 뻗어 있고
윤택한 옥을 산이 품고 있는데
꽃은 지고 구름은 떠 흐르고
생각은 샘물 솟듯
단비는 치우침이 없으니
마음자리가 먼저 혜택을 받네.

卍 정균(貞筠) … 곧은 대나무.
卍 윤벽(潤璧) … 윤택한 빛이 나는 아름다운 푸른 옥.
卍 침사(沈思) … 깊은 생각.
卍 무편(無偏) … 치우침이 없다.
卍 심전(心田) … 마음자리, 마음.

无量壽閣 무량수각

月照諸品靜　　월조제품정
心持萬緣輕　　심지만연경
知機心自閒　　지기심자한
獨坐一爐香　　독좌일로향
金文誦兩行　　금문송양행

금강경 오가해

解

달 비치니 온 세상 고요하고
마음 조용히 가지니 모든 인연 가벼워라.
근기(根機)를 알고 나니 마음 스스로 한가로워
조용히 홀로 앉아 향 사르고
경서 외우면서 그렇게 살리라.

 註

卍 제품(諸品)… 군품(群品)과 같음. 많은 계층의 사람들.
卍 기(機)… 근기(根機)와 같음. 중생의 마음 가운데 갖추어져 있어서 부처님의 가르침에 응하는 힘.
卍 금문(金文)… 금과 같이 귀한 글, 즉 경전.
卍 양행(兩行)… 두 줄.

▲ 표충사 본존불

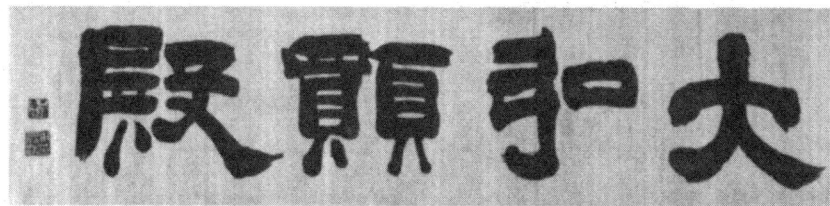
▲ 대홍원전(大弘願殿) 현판 (추사의 제자인 위당신덕(威堂申德)의 예서)

法海堂 법해당

月明魚戲水　월명어희수
人靜宮移松　인정궁이송
晩霞隕遠峯　만하운원봉
群巒列眼前　군만열안전
光明照大千　광명조대천
須彌獨峭然　수미독초연

달 밝으니 고기는 물에서 놀고
인적이 드무니 궁에서 소나무 옮겨 오네.
저녁 노을 먼 봉우리에 떨어지니
많은 봉우리 줄지어 눈앞에 늘어서고
광명이 대천 세계를 비추는데
수미산만이 홀로 우뚝하네.

卍 인정(人靜) … 인적이 드물다.
卍 만하(晩霞) … 저녁 노을.
卍 군만(群巒) … 많은 산봉우리.
卍 대천(大千) … 삼천대천 세계.
卍 수미(須彌) … 수미산(須彌山).

竹園精舍 죽원정사

竹園精舍

洗鉢香泉覆菊流

題詩片石侵苔在

伴鳩白雲耕不盡

一潭明月釣無痕

```
洗鉢香泉覆菊流      세발향천복국류
題詩片石侵雲在      제시편석침운재
半塢白雲耕不盡      반오백운경부진
一潭明月釣無痕      일담명월조무흔
```

맑은 샘물에 바루 씻으니 국화꽃 흘러가고
돌 위에 시를 쓰니 구름 덮여 오네.
반 이랑의 백운(白雲) 갈아도 끝이 없고
연못 속의 달 그림자 낚아도 흔적이 없네.

卍 세발(洗鉢) … 바루를 씻는다. 즉 승려의 길을 걷는다는 뜻.
卍 제시(題詩) … 시구(詩句)를 적는다. 시를 짓는다.
卍 반오(半塢) … 반 이랑.
卍 일담(一潭) … 연못.

천태종 구인사
天台宗 救仁寺

천태종(天台宗) 구인사(救仁寺) 전경

천태종(天台宗) 구인사(救仁寺)

> 충청북도 단양군 영춘면 백자리 132-1 소백산
> 대한불교 천태종의 총 본산

　전국에 말사 108개를 거느리고 있는 이 사찰은 현대식 콘크리트 건물로 된 이색적인 대가람(大伽藍)으로 1966년 8월 30일에 창건되었다. 그러나 이미 1945년부터 상월원각(上月圓覺)이 이곳에 터전을 마련하고 천태종의 재흥(再興)을 다졌다. 소백산의 비로봉·연화봉·국망봉·신선봉 등 구봉팔문(九峰八門) 중 제4봉인 수리봉 밑에 풍수설에서 말하는 이른바 금계포란형(金鷄抱卵形)의 한가운데 연꽃 모양의 지형에 자리잡은 이 절은 짧은 기간 동안 크게 발전하여 전국 굴지의 사찰이 되었다. 또한 1만 명을 동시에 수용할 수 있는 5층 대법당을 비롯한 당우(堂宇)들도 전국 최대 규모를 자랑한다.

　이 절은 창건주가 세운 천태종 중흥 3대 지표인 애국불교·대중불교·생활불교의 참뜻을 현실 속에서 실천하기 위하여 노력하고 있으며, 종래의 염불 중심의 의례종교를 탈피하고 부처의 자비심이 곧 애국 애족이며, 이를 위하여 모든 불제자가 스스로 주경야선(晝耕夜禪)하는 실행자가 되어야 한다는 정신으로 수행하고 있다.

　따라서 낮에는 승려들도 작업복을 입고 일하며, 식량은 자급자족을 원칙으로 하고 있다. 경내의 주요 건물로는 20억 원을 들여 준공한 높이 33m, 넓이 9백 평의 5층 대법당, 135평의 목조 대강당인 광명당(光明堂), 30칸의 수도실인 판도암, 18칸의 특별강원인 설선당(說禪堂), 침식용의 향적당(香寂堂), 4백 평의 3층 건물인 총무원 청사, 60평의 사천왕문과 거기에 안치된 국내 최대의 청동사천왕상 등이 있다.

　수리봉 계곡에 있는 불사(佛舍)와 편의 시설까지 약 70여 동의 건물이 있으며, 동시에 수용할 수 있는 인원이 5만6천 명이나 된다. 신도수는 1백만 명을 훨씬 넘어, 단일 사찰로서 국내 최대의 신도수를 가지고 있으며, 현재 새로운 신앙 운동을 전개하고 있는 이 절에는 매일 4백~5백 명이 찾아와 3일 내지 7일간의 관음기도로써 영험을 구하고 있다.

▲ 구인사 설법보전

祖室 조실

三界一切人	삼계일체인
法華威神力	법화위신력
皆得是三昧	개득시삼미
願得大普恩	원득대보은
皆如爲三昧	개여위삼매
三苦自然除	삼고자연제
快樂無憂患	쾌락무우환
使世無老死	사세무노사

삼계(三界)의 모든 사람들
법화경의 위력과 신통력으로
모두 다같이 법화 삼매를 얻어
바라건대 크고 넓은 은혜 얻게 하소서.
모든 일을 삼매에 들 때처럼 한다면
세 가지 고통 스스로 물러가고
마음은 상쾌하고 즐거워 근심 걱정 없어지니
세상에 늙고 죽는 괴로움 다 없어지리라.

卍 삼계(三界) … 중생이 생사에 유전(流轉)하는 미혹(迷惑)의 세계. 전생과 현세 그리고 내세.
卍 법화(法華) … 법화경(法華經), 천태종의 소의경전이 법화경임. 여기서는 아름다운 부처님 법이라 해도 됨.
卍 삼고(三苦) … 생고(生苦), 괴고(壞苦), 행고(行苦).

鐘閣 종각

願此鐘聲遍法界	원차종성변법계
鐵圍幽明悉皆明	철위유명실개명
三途離苦破刀山	삼도이고파도산
一切衆生成正覺	일체중생성정각
九品蓮臺願往生	구품연대원왕생
着燈念佛覺心明	착등염불각심명
日落黃昏第一更	일락황혼제일갱
八功德水蓮池裡	팔공덕수연지리

원컨대 이 종소리 법계에 두루 퍼지소서.
철위산(鐵圍山) 어두운 지옥 모두 다 밝아지고
삼도(三途)의 고통 씻고 도산(刀山)도 무너져서
모든 중생 다같이 정각(正覺)을 이루소서.
구품 연대 극락 세계에 왕생하기 원하옵니다.
등불 켜고 염불하여 마음 밝혀 깨지리다.
해 저문 황혼 길에 제일경(第一更)을 칠 때에
팔공 덕수 연못 속에 태어나리다.

- 법계(法界) … 불법이 미치는 온 천지.
- 철위(鐵圍) … 철위산(鐵圍山). 우주 가장 바깥쪽에 있는 산으로 모두가 쇠로 되어 있다고 함. 그 너머가 지옥.
- 삼도(三途) … 지옥(地獄), 아귀(餓鬼), 축생(畜生).
- 도산(刀山) … 도산지옥(刀山地獄). 10지옥의 하나, 곧 칼이 솟아 있는 산을 밟고 가는 고통을 겪는 지옥.
- 연대(蓮臺) … 연화대(蓮花臺). 불보살이 앉아 계시는 연화의 대좌(臺座).
- 제일갱(第一更) … 초경(初更). 하룻밤을 다섯으로 나눈 첫번째. 대략 오후 5시에서 9시.
- 팔공덕수(八功德水) … 여덟 가지 공덕이 있는 물. 부처님의 정토에 있는 연못에는 이 물이 가득하다. 징정(澄淨), 청냉(淸冷), 감미(甘味), 경연(輕煉), 윤택(潤澤), 안화(安和), 제기갈(除飢渴), 장양제근(長養諸根)의 여덟 가지 특질이 있다.

觀音殿 관음전

白衣觀音無說說 　백의관음무설설
南巡童子不聞聞 　남순동자불문문
瓶上綠楊三際夏 　병상록양삼제하
巖前翠竹十方春 　암전취죽시방춘
一葉紅蓮出海中 　일엽홍련출해중
碧波深處現神通 　벽파심처현신통
昨夜寶陀觀自在 　작야보타관자재
今朝降赴道場中 　금조강부도량중

석문의범, 관음전 예불

흰 옷 입은 관음(觀音)은 말없이 설법하고
남순동자는 들음 없이 듣도다.
꽃병 위에 버들 한참 여름인데
바위 위의 대나무는 시방 세계의 봄일세.
한떨기 붉은 연꽃 해동(海東)에서 솟으니
푸른 파도 깊은 곳에 신통(神通)을 나투시네.
어제 저녁 보타산(寶陀山)의 관세음보살님이
오늘 아침 이 도량 안에 강림하셨네.

卍 백의관음(白衣觀音) … 33관음(觀音)의 한 분. 항상 흰 옷을 입고 흰 연꽃에 앉으신 자비의 관세음보살.

卍 무설설(無說說) … 말없는 가운데 말을 한다.

卍 남순동자(南巡童子) … 관세음보살을 왼쪽에서 모시는 보처존(補處尊).

卍 불문문(不聞聞) … 듣지 않는 것 같으면서도 듣는다.

卍 시방춘(十方春) … 온 세상, 온 천지의 영원한 봄.

卍 홍련(紅蓮) … 천수관음(千手觀音)을 상징함.

卍 해중(海中) … 발해의 동쪽 바다 안이라는 뜻으로 우리 나라를 가리킴.

卍 신통(神通) … 모든 것을 신기롭게 통달하는 것.

卍 보타(寶陀) … 보타낙가산(寶陀落迦山). 인도 남쪽 해안에 있는 산으로서 관세음보살의 주거처(住居處)라고 함.

卍 강(降) … 불보살이 인간 세상으로 내려오는 것.

卍 도량(道場) … 불타성도(佛陀成道)의 수행 장소.

三度窟 삼도굴

觀察人身物	관찰인신물
如滅無形住	여멸무형주
化幻現沈浮	화환현침부
法身有一切	법신유일체

중생의 몸과 만물을 골고루 살펴보니
모든 것이 적멸(寂滅)하여 형상 영원한 것 없어라.
환상이 변화하여 나타나고 가라앉는 것이지만
그러나 청정 법신(淸淨法身)은 모든 곳에 존재하네.

卍 인신물(人身物) … 불안한 사람의 몸과 삼라만상.
卍 멸(滅) … 적멸(寂滅), 즉 미혹의 세계를 영원히 이탈한 고요한 경계.
卍 환(幻) … 일체의 사상(事象)에는 실체성이 없고, 오직 환각(幻覺)과 같이 가상(假相)을 나타내고 있는 것에 불과하다는 것.
卍 법신(法身) … 삼신의 하나. 불법을 완전히 깨달은 부처의 몸. 진리 그 자체를 몸으로 하는 부처님.

說法寶殿

說法寶殿

佛身普遍十方中
三世如來一體同
廣大願雲恒不盡
汪洋覺海渺難窮
世尊夢入雪山中
一墮不知經六年

見明星宿悟道
言詮消息通三千
普放光明照大千
巍巍德相月輪滿
塵墨劫前成正覺
爲度眾生現世間

佛身普遍十方中　　　불신보변시방중
三世如來一體同　　　삼세여래일체동
廣大願雲恒不盡　　　광대원운항부진
汪洋覺海渺難窮　　　왕양각해묘난궁

世尊當入雪山中　　　세존당입설산중
一坐不知經六年　　　일좌부지경육년
因見明星云悟道　　　인견명성운오도
言詮消息遍三千　　　언전소식변삼천

普放光明照大千　　　보방광명조대천
巍巍德相月輪滿　　　외외덕상월륜만
塵墨劫前成正覺　　　진묵겁전성정각
爲度衆生現世間　　　위도중생현세간

석문의범

부처님은 우주에 가득하시니
삼세(三世)의 모든 부처님 다르지 않네.
광대 무변(廣大無邊)한 원력(願力) 다함이 없어
넓고 넓은 깨달음의 세계 헤아릴 수 없네.

부처님께서 눈 쌓인 산에 계실 적에
한 번 앉아 6년이 흘러감을 알지 못했네.
문득 밝은 별을 보고 도를 깨달으시니

그 말씀 그 소식 삼천 세계에 가득하여라.

광명 두루 하여 온 세상 밝히시니
높고 높은 덕스러운 모습 보름달과 같으시네.
아득히 먼 옛날에 이미 바른 깨달음 이루시고
중생 제도하기 위해 이 세상에 오셨네.

卍 삼세(三世) … 과거, 현재, 미래의 세계.
卍 여래(如來) … 불타를 말함. 위없는 높은 이라고 하는 의미로 무상(無上)의 무상(無上), 곧 무상상(無上上)이라고도 한다.
卍 원(願) … 중생을 구제하려 하는 원하고 바라는 부처님의 마음.
卍 왕양(汪洋) … 넓고 넓은 바다.
卍 각해(覺海) … 깨달음의 바다.
卍 진묵겁(塵墨劫) … 티끌이 쌓여 그것이 삭아서 먹이 되는 데 걸리는 아주 긴 시간.

三寶堂 삼보당

諸佛大聖尊	제불대성존
敎化衆生者	교화중생자
於諸大會中	어제대회중
演說微妙法	연설미묘법
持此法華者	지차법화자
悉皆得聞之	실개득문지
三千大千中	삼천대천중
內外諸音聲	내외제음성
下至阿鼻獄	하지아비옥
上至有頂天	상지유정천
皆聞其音聲	개문기음성
悉能分別之	실능분별지
度脫諸衆生	도탈제중생
入佛無漏智	입불무루지

큰 성존이신 모든 부처님
중생을 교화하는 거룩한 분이시네.
모든 법회 가운데서
미묘한 불법을 설하시니
이 법화경을 간직하는 사람들마다
모두 이 법문(法文) 들을 수 있네.
삼천대천 세계(三千大天世界)에

안과 밖으로 그 음성 들리니
아래로는 아비지옥(阿鼻地獄)부터
위로는 유정천(有頂天)까지 이르러
모두가 그 음성 들을 수 있고
모두 그 뜻 분별할 수 있네.
모든 중생 제도하여 해탈케 하여
부처님의 무루지(無漏智)에 들게 하시네.

卍 법화자(法華者) … 법화경(法華經)을 수지(修持)하는 사람.
卍 아비옥(阿鼻獄) … 阿鼻地獄(아비지옥). 팔열(八熱) 지옥의 하나이며, 지옥 가운데서도 가장 고통이 심한 제일 밑의 지옥.
卍 유정천(有頂天) … 3계를 9지(地)로 나누었을 때 이 하늘은 무색계의 가장 높은 곳에 있는 하늘이므로, 유(有)의 정상(頂)이라는 뜻에서 유정천이라고 한다.
卍 무루(無漏) … 번뇌를 떠나 번뇌가 없는 것.

止觀堂 지관당(전면)

專修寂定禪	전수적정선
不修逐境界	불수축경계
若有不住心	약유부주심
勸令住於定	권령주어정
修無依止禪	수무의지선
彼無所依止	피무소의지
欲色無色界	욕색무색계
思惟無所著	사유무소저
是禪超出世	시선초출세
是菩薩所知	시보살소지

고려대장경 10권

오직 닦는 것은 적(寂), 정(定), 선(禪)이요
경계(境界) 좇는 수행은 하지 말게.
만약에 머물지 않는 마음 있다면
선정에 머물도록 권해서
의지함이 없는 지관선(止觀禪)을 닦아
의지할 바 없는 피안에 머물도록 하라.
욕계(欲界), 색계(色界), 무색계(無色界)의
생각 속에 집착함이 없으면
이러한 참선이 세간을 초월하며
이런 선정(禪定)이 보살만이 아는 것이니라.

卍 적(寂) … 열반(涅槃)의 다른 이름.
卍 정(定) … 마음을 하나의 대상에 집중하여 산란하지 않는 것.
卍 선(禪) … 삼문(三門)의 하나로 마음을 한 곳에 모아 진정한 이치를 생각하고, 괴로움을 떠나서 고요한 무아의 경지에 이르게 하는 일. 마음을 가다듬고 정신을 통일하여 무아 정적의 경지에 몰입하는 일.
卍 경계(境界) … 인식하거나 가치 판단의 대상이 되는 모든 것.
卍 주(住) … 머무르는 것. 실제로 자리잡고 있는 것.
卍 욕(欲) … 욕계(欲界).
卍 색(色) … 색계(色界).

止觀堂 지관당(후면)

天人合發火種蓮　　천인합발화종연
順行造化生人物　　순행조화생인물
逆運陰陽作佛仙　　역운음양작불선
開坤閉艮離鬼窟　　개곤폐간리귀굴

西山白虎正猖狂　　서산백호정창광
東海靑龍不可當　　동해청룡불가당
兩手捉來令死鬪　　양수착래영사투
化成一快紫金霜　　화성일쾌자금상

고려대장경 10권

하늘과 사람 함께 정성 불태워 연꽃 심고
조화 따라 순리대로 나아가면 인간 만물 생겨나리.
음양을 거슬러 역행하면 부처님 신선되나
곤괘(坤卦)를 열고 간괘(艮卦)를 닫아 귀신굴 빠져 나가

서산 백호가 바야흐로 미쳐서 날뛰면
동해의 청룡은 감당키 어렵구나.
양쪽에 손잡고 죽기로 싸우면
한 판 조화되어 자금상을 이루리.

- 천인(天人) … 천인(天人)과 인간(人間).
- 역운(逆運) … 순리에 역행하다.
- 곤(坤) … 곤괘(坤卦).
- 간(艮) … 주역의 간괘(艮卦).
- 정창광(正猖狂) … 바야흐로 미쳐 날뛰다.
- 자금상(紫金霜) … 자금광(紫金光). 황금색 금빛보다 더 아름다운 빛과 서리.

▲ 구인사의 일부 전각

說禪堂 설선당(일층)

慧方便行智慧者	혜방편행지혜자
示現種種諸變化	시현종종제변화
開於方便境界已	개어방편경계이
爾時佛子甚歡喜	이시불자심환희

生於慶樂喜無量　생어경락희무양
散華供養於調御　산화공양어조어
此地六種大震動　차지육종대진동
空中伎樂而鼓作　공중기락이고작

億天虛空中合掌　억천허실공합장
讚言善哉調御說　찬언선재조어설
敎觀總持一乘輪　교관총지일승륜
摩訶止觀小止觀　마하지관소지관

지혜의 방편을 행하는 지혜로운 자는
가지가지 모든 변화 나타내리니
방편과 경계 모두 다 듣고 나면
이때 불자들 깊은 환희에 젖으리라.

경사스러움과 즐거움에서 생기는 기쁨 한량없어
부처님 전에 꽃 뿌리고 공양 올리네.

이 땅에 여섯 가지 큰 진동 일어나고
공중에선 기악 울리고 북을 치누나.

억천 허공 하늘 사람 공중에서 합장하고
거룩하신 부처님 설법 찬탄하도다.
가르침을 모두 간직하고 일승으로 법륜 돌려
망념을 끊고 고요한 지혜로 만법을 비춰 보리.

卍 방편(方便) … 부처님이나 보살이 중생 제도를 위해 쓰는 묘한 수단.
卍 시현(示現) … 부처님이나 보살이 중생 제도를 위해 그 몸을 이 세상에 나타내는 일.
卍 조어(調御) … 조어사(調脚師)의 준말. 부처님을 일컫는 말.
卍 육종(六種) … 육종교방편(六種巧方便)의 준말. 불보살이 중생을 교화하기 위해 행하는 6가지 방편을 말함.
卍 교관(敎觀) … 교상과 관심의 두 문.
卍 일승(一乘) … 불교의 참다운 가르침은 오직 하나로, 그 가르침에 의하여 모든 중생들이 부처님이 된다는 가르침.
卍 지관(止觀) … 산란한 망념을 쉬고 고요한 맑은 지혜로 만법을 비추어 보는 일.
卍 마하지관(摩訶止觀) … 불교 천태종에서 법화경의 삼대 주석서의 하나. 중국 수나라의 천태지의 대사가 구술한 것을 장안이 기록한 책으로 천태종의 관심, 수행을 설명했음.

說禪堂 설선당(이층)

方便境界不思義	방편경계불사의
文殊師利當知我	문수사리당지아
我精練時覺菩提	아정연시각보리
我又示現如此時	아우시현여차시
時節過咎我所無	시절과구아소무
當恒有於妙法時	당항유어묘법시
衆生聞我法過度	중생문아법과도
衆生過患我所無	중생과환아소무
精練劫殘功德物	정연겁잔공덕물
精練福田淨無咎	정연복전정무구
我精練時得菩提	아정연시득보리
是故知我無有濁	시고지아무유탁
我已從久多億劫	아이종구다억겁
成就無量佛智慧	성취무양불지혜
如我得道命亦爾	여아득도명역이
於是中間無滅度	어시중간무멸도
我方便現示滅度	아방편현시멸도
有常想故示無常	유상상고시무상

고려대장경 제10권

방편과 경계는 불가사의하느니라.
문수사리야, 마땅히 나를 알지어다.

나는 정(精)을 연마할 때 보리를 깨달았느니라.
내가 이 같은 때를 나타내 보였으니
시절을 놓치는 허물도 내게는 없었느니라.
마땅히 묘법이 있을 때 항상 있었느니라.
중생들은 내 설법을 들어서 제도를 받지만
중생의 허물과 고통은 내게는 없었느니라.
정연겁이 지나면 공덕물이 남게 되나니
정연한 복전은 청정무구하느니라.
내가 정을 연할 때에 보리를 얻었느니라.
그러므로 내게는 탁한 것이 없는 줄 알지니라.
나는 이미 오랜 옛날 다업겁부터
무량한 불지혜를 성취했느니라.
내가 득도한 것과 같이 수명도 역시 그렇게 되어
이 중간에는 멸도가 없었느니라.
내가 방편으로 멸도를 시현하여
유상을 생각하는 고로 무상을 보여 주었느니라.

註

卍 방편(方便) … 불보살이 중생 제도를 위해 쓰는 묘한 수단.
卍 경계(境界) … 감각 기관 및 의식을 주관하는 마음의 대상.
卍 보리(菩提) … 불교 최고의 이상인 불타정각(佛陀正覺)의 지혜.
卍 시현(示現) … 부처나 보살이 중생을 교화시키고자 이 세상에 자기의
              몸을 여러 가지 모양으로 변화시켜서 나타내는 것.
卍 과환(過患) … 허물과 고통.
卍 복전(福田) … 삼보를 공경하고, 부모를 공경하고, 가난한 사람에게 베
              풀면 마치 농부가 밭에서 수확함같이 복이 생긴다는 뜻.
卍 정연(精練) … 정진해서 노력함.
卍 탁(濁) … 시대가 오염되었다는 뜻.

說禪堂 설선당(삼층)

無上勇進無懈怠　　무상용진무해태
是佛子向勝菩提　　시불자향승보리
往多佛刹猶復斷　　왕다불찰유복단
是所行處無疲厭　　시소행처무피염
爲化衆生堅精進　　위화중생견정진
堪百千億劫苦聚　　감백천억겁고취
常恒動進無懈怠　　상항동진무해태
施與衆生滅度樂　　시여중생멸도락
我願修淨諸佛刹　　아원수정제불찰
盡悉覺知一切法　　진실각지일체법
我諸世界中勝輪　　아제세계중승륜
轉已多億衆生調　　전이다억중생조
一念心覺勝菩提　　일념심각승보리
遺化多刹調伏故　　유화다찰조복고
佛子常度進彼岸　　불자상도진피안
現衆莊嚴爲衆生　　현중장엄위중생

최상의 용맹 정진으로 게으름을 없애라.
이것이 불자가 보리로 행하는 길이다.
많은 절에 가도 마음 끊을 일 많구나.
그렇게 하면 가는 곳마다 고단하고 싫은 마음 없노라.

중생을 교화하기 위해 굳건히 정진하여
백천억 겁의 고통과 괴로움 참고 헤쳐나가
항상 부지런히 정진하여 게으름 피우지 말고
중생들에게 열반의 즐거움 베풀어 주어라.
나는 모든 부처님 절에서 청정(淸淨) 닦기를 원해서
일체의 불법을 모조리 깨쳐서 알았느니라.
나는 온 세계에서 가장 훌륭한 법륜(法輪)을
굴려서 많은 중생을 조어(調御)하였느니라.
한 생각 한 마음으로 최상의 보리를 깨달아
많은 사찰을 교화하여 조복(調伏)받았기에
불자들은 언제나 피안으로 나아가 제도되니
수많은 장엄을 나타냄은 중생을 위함일세.

卍 해태(懈怠) … 나태하고 게으름.
卍 피염(疲厭) … 피로하고 싫증이 난다.
卍 고취(苦聚) … 괴로움의 모임. 괴로움.
卍 상항(常恒) … 항상(恒常).
卍 멸도락(滅度樂) … 멸도의 기쁨.
卍 승륜(勝輪) … 가장 뛰어난 법륜(法輪).
卍 조(調) … 조복(調伏).
卍 피안(彼岸) … 사바 세계 저쪽에 있는 정토.

說禪堂 설선당(삼층 후면)

精進修定及智慧	정진수정급지혜
行菩薩行心調伏	행보살행심조복
以諸相應方便智	이제상응방편지
導眾生到安隱處	도중생도안은처
能令不墮諸惡趣	능령불타제악취
有如是智明菩薩	유여시지명보살
以眞淨心動世界	이진정심동세계
震起波踊有六種	진기파용유륙종
光照華上坐菩薩	광조화상좌보살
皆說寂靜空無法	개설적정공무법
皆同說此寂靜法	개동설차적정법
亦教他人信佛智	역교타인신불지

고려대장경 10권

선정과 지혜를 열심히 닦고 힘써
보살행 수행하여 마음을 조복 받고
모두에게 융합하는 방편의 지혜로
중생을 인도하여 편안한 데 이르게 하여
능히 모든 악도에 떨어지지 않게 하나니
이와 같이 밝은 지혜 있는 자를 보살이라고 하느니라.
이런 청정한 마음은 세계를 움직이고

그 진동으로 일어난 파동에서 육종 용솟음치네.
높은 곳에서 밝은 빛 비치는 보살이 앉아
모두 고요한 가운데 공(空)함이 없는 법을 설하니
다같이 번뇌 없는 편한 법을 설하여서
많은 사람 가르쳐 부처님 지혜 믿게 하시네.

卍 정진(精進) … 성불하려고 열심히 수행하는 과정.
卍 조복(調伏) … 몸·입·마음의 삼업을 조화하여, 모든 악행을 굴복시키는 것.
卍 방편(方便) … 부처님과 보살들이 중생들을 교화하기 위해 베푸는 여러 가지 묘한 수단.
卍 악취(惡趣) … 악업을 지어서 죽은 뒤에 태어나는 고통의 세계. 지옥, 아귀, 축생, 수라의 4가지가 있다.
卍 육종(六種) … 육종계(六種戒). 대승보살이 받아 지닌 6종의 계율.

度香堂 도향당(이층)

我隨欲於法者說	아수욕어법자설
入於佛道法事故	입어불도법사고
以是一乘演說三	이시일승연설삼
然於此乘無傷損	연어차승무상손
如巧智度到彼岸	여교지도도피안
以是智示現於三	이시지시현어삼
世尊亦爾知勝法	세존역이지승법
以是一乘演說三	이시일승연설삼

고려대장경 제10권

나 법 설하는 것 따르려 할 때
법사(法事) 때문에 불도에 들어가도다.
이는 일승(一乘)으로 삼승(三乘)을 풀어 설하나
그러나 이 일승에는 조금도 손상이 없네.
교묘한 지혜가 피안에 이르는 것처럼
이 지혜로 삼승을 나타내 보일 뿐이네.
세존께서 또한 네게 수승(殊勝)한 법 알리니
그래서 일승을 삼승으로 설하시는 것이네.

- 법자(法者) … 법이라는 것.
- 법사(法事) … 불법(佛法)을 널리 선전하는 일이나, 불법(佛法)을 수행하는 일.
- 일승(一乘) … 불교의 참다운 가르침은 오직 하나로, 그 가르침에 의하여 모든 중생들이 부처님이 된다는 가르침.
- 연설(演說) … 교를 설하는 것
- 삼(三) … 삼승(三乘)을 뜻함. 승(乘)은 짐을 싣는 수레로 부처님이 중생을 싣고 깨달음의 경지로 간다는 상징적 의미가 담겨 있으며, 다음 3가지 승이 있다. 성문승(聲聞乘), 연각승(緣覺乘), 보살승(菩薩乘).
- 피안(彼岸) … 사바 세계 저쪽에 있는 정토.
- 승(勝) … 수승(殊勝), 즉 가장 우수한 일.

度香堂 도향당(삼층)

若飯食時當願衆生	약반식시당원중생
禪悅爲食法喜充滿	선열위식법희충만
結跏趺坐當願衆生	결가부좌당원중생
善根堅固得不動智	선근견고득부동지
若見空鉢當願衆生	약견공발당원중생
其心淸淨空無煩惱	기심청정공무번뇌

밥 먹을 때에도 마땅히 중생 위해 원을 세우니
선(禪)의 기쁨으로 밥을 먹고 법의 기쁨 충만하네.
결가 부좌하고 앉아 중생을 위해 원을 세우니
선근(善根)이 견고하여 부동지를 얻었네.
빈 바릿대 보고도 중생을 위해 원을 세우니
그 마음 청정하고 공(空)하니 번뇌가 없네.

卍 반식(飯食) … 밥을 먹을 때.
卍 선열(禪悅) … 선정(禪定)에 들어선 법열(法悅), 즉 시신이 쾌락한 것.
卍 결가부좌(結跏趺坐) … 부처님의 좌법(坐法)으로 승려나 수행인이 좌선(坐禪)할 때 앉는 좌법(坐法)의 한 가지. 오른쪽 발을 왼쪽 허벅다리 위에 놓고, 왼쪽 발을 오른쪽 허벅다리 위에 얹어 놓고 앉는 좌법.
卍 선근(善根) … 좋은 과보를 낳게 하는 착한 일. 탐하지 아니하고 성내지 아니하고 어리석지 아니한 3가지를 말하기도 한다.
卍 공발(空鉢) … 바루대가 비어 있다. 먹을 음식이 없다.

光道室 광도실

最勝最上無有比	최승최상무유비
甚深微妙淸淨法	심심미묘청정법
菩薩以此化衆生	보살이차화중생
如是說者不退敎	여시설자불퇴교
無上淸淨妙善法	무상청정묘선법
一切衆魔不能壞	일체중마불능괴
菩薩尊重常稱歎	보살존중상칭탄
一切所有妙功德	일체소유묘공덕
天人之尊悉成就	천인지존실성취

고려대장경 제8권

가장 뛰어나고 가장 높아 비교할 곳 없어라.
심히 깊고 미묘하며 청정한 부처님 법
보살은 이런 법으로 중생을 교화하네.
이와 같이 설법함이 불퇴전의 가르침이니
위없이 청정하고 오묘한 부처님 법이로다.
모든 마귀들 파괴할 수 없고
보살은 존중하고 항상 칭찬 감탄하여
일체의 미묘한 공덕을 지니니
하늘과 인간 존중하는 높은 도 모두 이루네.

榮光堂 영광당(일층)

示現無量行	시현무양행
而實無所行	이실무소행
勝地修菩提	승지수보리
隨順如化行	수순여화행
如化常寂滅	여화상적멸
菩薩行亦然	보살행역연

화엄경

중생 제도 위해 한량없이 시현(示現)하셨으나
실제로 행했다는 생각 하나도 없네.
이러한 경지에서 보리(菩提)를 닦으니
수행과 교화에 이와 같은 뜻 따르네.
이런 수행 변화 늘 적멸(寂滅)하노니
보살행(菩薩行)도 역시 다른 바 없네.

卍 시현(示現) … 불보살이 중생 제도를 위해 그의 육신을 이 세상에 나타내는 일.
卍 수순(隨順) … 남의 뜻을 존중하고 따름.
卍 화행(化行) … 화교(化敎)와 행교(行敎).
卍 적멸(寂滅) … 번뇌를 떠난 열반의 고요한 경지.

榮光堂 영광당(이층)

修習甚深法　　수습심심법
饒益一切衆　　요익일체중
此忍增妙智　　차인증묘지
具足菩薩行　　구족보살행
深入寂滅法　　심입적멸법
諦了悉如化　　체료실여화

화엄경

깊고 깊은 불법 깊이 닦아서
모든 중생 넉넉하게 도와주리라.
이같이 참으면서 묘한 지혜 키워
보살도(菩薩道) 가는 길 온전하리다.
적멸(寂滅)한 열반법으로 깊이 들어가
모든 것 환화(幻化)와 같은 줄 모두 깨치리.

卍 수습(修習) … 배우고 닦아서 익힘.
卍 요익(饒益) … 다른 사람에게 넉넉하게 이익을 줌.
卍 묘지(妙智) … 부처님의 오묘한 지혜.
卍 구족(具足) … 빠짐없이 고루 갖추어져 있는 것.

事務室 사무실(이층)

灌頂菩薩眞佛子	관정보살진불자
悉能究竟諸勝法	실능구경제승법
十方無量諸世界	시방무량제세계
悉能震動光普照	실능진동광보조
能持十方諸世界	능지시방제세계
嚴淨一切衆生心	엄정일체중생심
恣知一切衆生根	자지일체중생근
演梵音聲滿十方	연범음성만시방
調伏化度諸群生	조복화도제군생
悉令修習菩提心	실영수습보리심
普入十方諸佛國	보입시방제불국
觀察法界無有餘	관찰법계무유여
灌頂色身及身業	관정색신급신업
神足自在不思議	신족자재불사의

고려대장경 제8권

부처님으로부터 관정 받은 보살이 진정 불자이니라.
실로 능히 모든 수승한 법을 끝까지 마치게 하고
시방(十方)의 한량없는 모든 세계에
실로 능히 진동하여 광명 두루 비추어서

온 천지 모든 세계를 능히 간직하고
일체의 중생심(衆生心)을 확실히 청정케 하여
모든 중생의 근기(根機) 다 알아서
범음(梵音)으로 시방에 꽉 차게 설법하시어
모든 중생들 조복(調伏)받고 제도하여 교화하시고
실로 모두가 보리심(菩提心)을 닦게 하셨네.
시방의 모든 불국토에 두루 들어가는데,
남김없이 모든 법계 관찰하여서
육신과 그 몸으로 지은 업(業) 관정하시니
신통은 자재(自在)하여 불가사의하네.

卍 관정(灌頂) … 수계하여 불문에 들어갈 때 물을 정수리에 붓는 의식.
卍 구경(究境) … 구경(究竟)과 같음. 절대 구극(究極)을 나타내며, 최상
    을 형용하는 말.
卍 근(根) … 근기(根機)(자지일절중생근).
卍 제군생(諸群生) … 많은 중생.
卍 신족(神足) … 신통하고 자재(自在)함.

청량산 청량사
清凉山 清凉寺

◆
◆ ◆

청량산(淸凉山) 청량사(淸凉寺) 전경

청량산(清凉山) 청량사(清凉寺)

경상북도 봉화군 명호면 북곡리
대한불교 조계종 제16교구 본사인 고운사의 말사

청량산 연화봉(蓮花峰) 기슭에는 내청량사(內淸凉寺)가, 금탑봉(金塔峰) 아래에는 외청량사(外淸凉寺)가 있다. 두 절은 모두 663년(문무왕 3년)에 원효(元曉)가 창건하였다는 설과, 의상(義湘)이 창건하였다는 설이 있으나 창건 연대로 볼 때 의상은 중국에 있었으므로 원효가 창건한 것으로 보는 것이 타당하다.

창건 이후 오랫동안 폐사(廢寺)로 남아 있었기 때문에 중건 등의 역사는 전하지 않는다. 다만, 창건 당시 승당(僧堂) 등 27개의 부속 건물을 갖추었던 큰 사찰이었다는 것만 전해지고 있다. 현재의 두 절은 비록 거리가 다소 떨어져 있지만 상호 연관적인 관계에 있다.

▲ 구름 속의 청량산 66봉

▲ 청량사 5층석탑

　내청량사는 부대하는 당우로 볼 수 있는데, 전자를 유리보전(琉璃寶殿), 후자를 응진전(應眞殿)으로 별칭하는 까닭은 여기에 있다.
　가람의 배치는 유리보전을 중심으로 우측에 선불장과 요사가 있고 그 뒤에 산신각이 있으며, 대웅전 앞쪽에 범종각이 있다.
　청량산의 절경 속에 자리잡은 이 절은 먼 산길을 걸어가는 불편이 있지만, 경내를 찾아간 사람은 마음에 한량없는 환희와 만족을 느낀다.

梵鐘樓 범종루

> 聞鐘聲煩惱斷　문종성번뇌단
> 智慧長菩提生　지혜장보리생
> 離地獄出三界　이지옥출삼계
> 願成佛度衆生　원성불도중생

글/종송

이 종소리 들으시고 번뇌 망상(煩惱妄想) 끊으소서.
지혜(智慧)가 자라고 보리심(菩堤心)을 발(發)하소서.
지옥고(地獄苦)를 여의고 삼계(三界)를 뛰쳐나와
원컨대 성불(成佛)하시고 중생 제도(衆生濟度)하옵소서.

卍 번뇌(煩惱) … 마음이 시달려서 괴로움.
卍 보리(菩提) … 불생 불멸의 진리를 깨닫는 지혜.

아, 게송은 바로 종을 치는 스님의 마음이다. 청량산 높은 곳에서 세상 사람 알거나 말거나 스님은 날마다 어김없이 이렇게 기원하면서 중생을 위해 종을 친다.
　이 게송을 염송(念誦)하며!

琉璃寶殿 유리보전

願此鍾聲遍法界	원차종성변법계
鐵圍幽暗悉皆明	철위유암실개명
三途離苦破刀山	삼도이고파도산
一切衆生成正覺	일체중생성정각

글/종송(鐘頌)

원컨대 이 종소리 모든 법계에 두루 퍼지소서.
철위 지옥(鐵圍地獄)의 모든 어둠도 다 밝아지소서.
삼도(三途)와 도산 지옥(刀山地獄)의 고통에서 여의고
모든 중생을 바른 깨달음 얻게 하여 주소서.

卍 철위(鐵圍)⋯ 철위산(鐵圍山), 이 우주 가장 바깥쪽에 있는 산으로 모두가 쇠로 되어 있다고 함.
卍 삼도(三途)⋯ 지옥(地獄), 아귀(餓鬼), 축생(畜生)을 말한다.
卍 도산(刀山)⋯ 도산지옥(刀山地獄). 10지옥의 하나, 곧 칼이 솟아 있는 산을 밟고 가는 고통을 겪는 지옥.

설악산 신흥사
雪嶽山 新興寺

♦
♦
♦
설악산(雪嶽山) 신흥사(新興寺)의 청동불상

설악산(雪嶽山) 신흥사(新興寺)

강원도 삼척군 근덕면 동막리
대한불교 조계종 제4교구 월정사의 말사

이 절은 838년(민애왕 1년)에 범일국사(梵日國師)가 창건하여 광운사(光雲寺)라 하였고, 그 뒤 여러 차례의 중건·중수를 거쳐 오늘에 이르고 있으나 중건자 및 중건 연대는 미상이다.

또한 1870년(고종 7년) 이전에는 운흥사(雲興寺)로 불리었다. 현존하는 당우(堂宇)로는 대웅전과 설선당(說禪堂), 진영각(眞影閣), 삼성각(三聖閣), 요사(療舍), 산문(山門) 등이 있으며, 부속 암자로는 청련암(靑蓮庵)이 있다.

가람의 원형을 알 수 없으나, 비교적 평탄한 설악산 기슭에 4단의 석축을 쌓고 전각을 배치하고 있다. 설악산을 찾는 수많은 관광객이 다녀가는 이 절은 뒤에 웅장한 산과 어울려 더욱 거룩하게 보이며, 특히 가을의 단풍과 반조(返照)되는 경내는 불경(佛境)을 연상하게 해서 바로 여기가 극락이 아닌가 의심할 정도이다.

새로 조성된 거대한 청동불상은 설악산과 더불어 자칫 가벼워지려는 우리의 마음을 침착하게 진압해서, 편안하고 느긋하게 세상을 볼 수 있는 눈을 열어준다.

이 불상 앞에서 구름에 덮인 설악산(雪嶽山)을 바라보면 모든 세속의 번뇌 망상이 다 사라지고, 흘러가는 영원한 시간 속에 잠시 머물렀다 가는 내 인생의 참모습이 보이는 것 같다.

三聖閣 삼성각

三聖閣

```
地藏大聖威神力    지장대성위신력
恒河沙劫說難盡    항하사겁설난진
見聞瞻禮一念間    견문첨례일념간
利益人天無量事    이익인천무량사
```

지장경

지장보살님의 크나큰 위신력이여!
억겁을 두고 설명해도 다 말하기 어렵도다.
잠깐만 보고 듣고 예배만 하여도
인천(人天)에 이익된 일 무한히 많아라.

卍 지장대성(地藏大聖)… 지장보살을 높이는 말.
卍 항하사(恒河沙)… 한량없이 많은 수.
卍 겁(劫)… 무한히 긴 시간의 단위.
卍 일념(一念)… 아주 짧은 시간.

梵鐘閣 범종각

```
願此鍾聲遍法界    원자종성변법계
鐵圍幽暗悉皆明    철위유암실개명
三途離苦破刀山    삼도이고파도산
一切衆生成正覺    일체중생성정각
```

글/종송(鐘頌)

解

원컨대 이 종소리 법계에 두루 퍼지소서.
철위 지옥(鐵圍地獄)의 모든 어둠도 다 밝아지소서.
삼도(三途)와 도산 지옥(刀山地獄)의 고통에서 여의고
모든 중생을 바로 깨닫게 하여 주소서.

註

- 철위(鐵圍)… 철위산(鐵圍山), 이 우주 가장 바깥쪽에 있는 산으로 모두가 쇠로 되어 있다고 함.
- 삼도(三途)… 지옥(地獄), 아귀(餓鬼) 축생(畜生)을 말함.
- 도산(刀山)… 도산 지옥(刀山地獄). 10지옥의 하나, 곧 칼이 솟아 있는 산을 밟고 가는 고통을 겪는 지옥.

冥府殿 명부전

```
靈通廣大慧鑑明    영통광대혜감명
住在空中映無方    주재공중영무방
羅列碧天臨刹土    나열벽천임찰토
周天人世壽算長    주천인세수산장
```

석문의범, 칠성청

신령하고 능통한 지혜 거울같이 밝아서
허공에 계시며 모든 곳 다 밝히시고
푸른 하늘에 늘어서서 이 세상 다 비추시며
인간 세상 다 살피시며 수명 늘려 주시네.

卍 영통(靈通) … 신령스럽고 능통함.
卍 혜감명(慧鑑明) … 거울과 같이 밝은 지혜.
卍 감(鑑) … 거울 감.
卍 찰토(刹土) … 국토를 일컬음.
卍 천인(天人) … 하늘과 사람.
卍 산장(算長) … 길게 늘인다.

極樂寶殿 극락보전

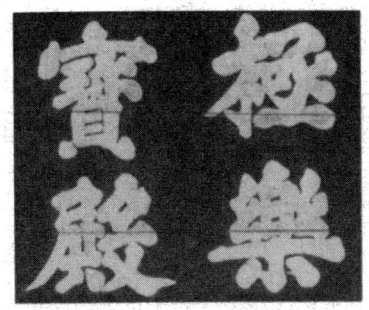

以刻圓成無量__

__人一念稱名號

玉毫金色照虛空

極樂堂前滿月容

極樂堂前滿月容　　극락당전만월용
玉毫金色照虛空　　옥호금색조허공
若人一念稱名號　　약인일념칭명호
頃刻圓成无量功　　경각원성무량공

석문의범

극락당(極樂堂) 앞에 만월(滿月) 같은 아미타불 얼굴
옥호(玉毫)에서 나는 금빛 허공을 비추는구나.
만일 사람들이 일념으로 그 명호(名號) 부른다면
잠깐 동안에 한량없이 큰 공덕 모두 이루리.

卍　만월용(滿月容)… 둥근 달과 같이 원만한 부처님의 얼굴.
卍　옥호(玉毫)… 부처님 미간에 있는 밝은 털. 32상의 하나.
卍　일념(一念)… 한결같은 마음. 오직 한 가지 생각.
卍　명호(名號)… 부처님과 보살의 이름.

樓閣 누각

無邪邪佛事

有龍??

居士盒

清?松

水流花開

空山無人

黄花?竹

白岳青松

淸虛影	청허영
居士盦	거사암
有覺無修	유각무수
無非佛事	무비불사
白岳靑松	백악청송
黃花翠竹	황화취죽
空山無人	공산무인
水泣花開	수읍화개

맑고 깨끗한 그림자
앉아 있는 사람 덮으니
깨달음 있어도 닦지 않으면
불사(佛事)가 아니로다.
눈 덮인 흰 봉우리에 푸른 소나무
노란 꽃 가운데 솟은 푸른 대나무
텅 빈 산에는 인적 없는데
꽃은 피고 물은 울면서 흘러가네.

卍 청허(淸虛) … 마음이 맑아서 잡된 생각을 가지지 않고 아주 깨끗함.
卍 암(盦) … 덮다.
卍 불사(佛事) … 부처님의 일. 불제자로서 할 도리.